ワタナベ・コウの日本共産党発見!! ③

ワタナベ・コウ

新日本出版社

ワタナベ・コウの
日本共産党発見!!
もくじ

①日本のどこにも米軍基地はいらない!
横田基地フィールドワーク
7

②働く人にあったかい手をさしのべる党!
副委員長の山下芳生さんにインタビュー
19

③おぞましきカジノより暮らし第一へ!
参議院議員の大門実紀史さんにインタビュー
35

④文学は社会変革に有効なのだ!
プロレタリア作家・小林多喜二ゆかりの東京を歩く
52

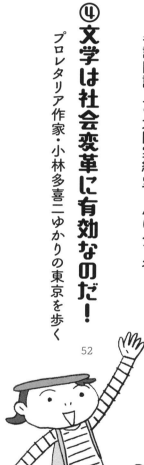

⑤共に考えよう! 国民主権と天皇の制度 67
政策委員会の小松公生さんにインタビュー

⑥戦争協力の反省を終生忘れず 86
共産党員映画監督・今井正

⑦社会派の巨匠「映画は大衆のもの」 96
共産党員映画監督・山本薩夫

⑧性暴力・ハラスメントのない日本へ! 108
衆議院議員の本村伸子さんにインタビュー

⑨偏見・差別の原点は、「隔離政策」にあった! 124
ハンセン病療養所・栗生楽泉園を訪ねて

ワタナベ・コウの
日本共産党発見!!
3
もくじ

⑩「オール沖縄」たたかいの源流を学ぶ　139
沖縄ルポ・沖縄戦と沖縄人民党編

⑪国際法違反で土地を奪ってつくった米軍基地!　155
沖縄ルポ・米軍基地編

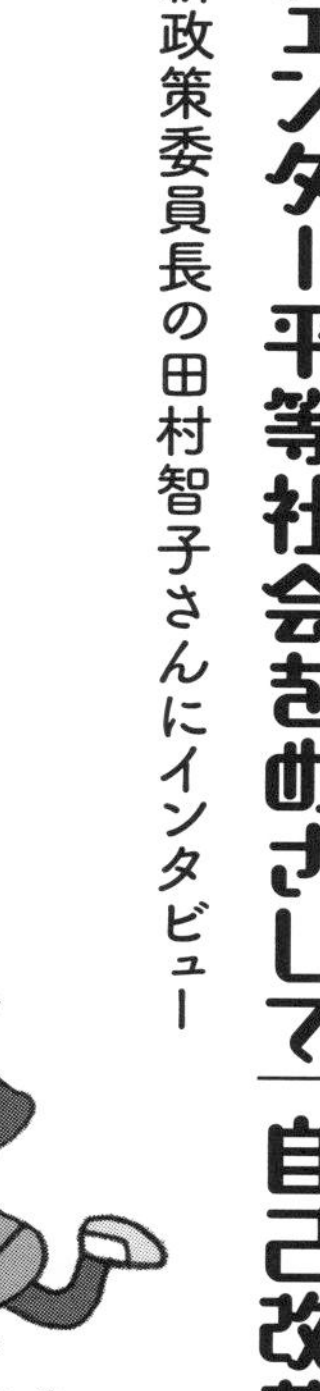

⑫ジェンダー平等社会をめざして「自己改革」　172
新政策委員長の田村智子さんにインタビュー

おわりに　189

装丁◎宮川和夫事務所

①日本のどこにも米軍基地はいらない！

横田基地フィールドワーク

二〇一八年九月一六日、横田基地日米友好祭（フレンドシップ・フェスティバル）へ行きました。基地の一部が一般開放され、基地内に唯一入れる米軍主催のイベント。毎年、二日間で約一五万人が来場するそうです。

同行してくれたのは、日本共産党西多摩・青梅地区委員長（当時）の井上宣(たかし)さん。同地区は横田基地を含む東京西側地域です。井上さんは、一九七三年、東京都青梅市生まれ。「東京を基地のない町に」「オスプレイの配備撤回」を求めて活動しています。

航空自衛隊の司令部も横田基地へ移転

友好祭の入口は、基地の第五ゲートでしたが、右側門札は航空自衛隊！　二〇〇五年の

西多摩・青梅地区委員長（当時）の井上宣さん
横田基地は東京都西部の五市一町にまたがっています
横田基地から新宿までは約30キロ。オスプレイなら5分です
瑞穂町
羽村市
武蔵村山市
福生市
あきる野市
立川市
昭島市
東京都
横田基地
八王子駅
立川駅
新宿駅
東京駅
※昭島市は引き込み線部分（13ページの地図参照）
横田基地の面積は7.1km²。東京都の狛江市より大きいです
衆議院 東京25区候補
井上たかし
野党＋市民 力あわせ未来ひらく。
比例は日本共産党とお書きください
井上さんは2017年衆院選に東京25区から立候補しています
担当編集者の田村浩子さん
友好祭の入口は第5ゲート
U.S. AIR FORCE Yokota Air Base 横田基地
ゲート左側には、米空軍の門札
•基地人口（概数）
米軍人・軍属 約4,000人
家族 約3,900人
日本人従業員 約2,100人
航空自衛隊員 約850人
JASDFって？
ジャパン・エア・セルフ・ディフェンス・フォース…航空自衛隊のことです
ゲート右側の門札
JASDF Yokota Air Base 横田基地

「在日米軍再編に関わる合意」で、一二年から航空自衛隊航空総隊司令部が移転しているのです。移転は、米軍が〈日米間の航空戦闘作戦を一元的におこなう〉ため（『二〇一三　日本の米軍基地』小泉親司著、二〇一三年、あけぼの出版、一一七ページ）と知って驚きました。

在日米軍施設は、自衛隊との共同使用を含めて三〇都道府県に一三一カ所（二〇一九年三月末現在）。そのうち米軍専用施設は七八カ所あります。横田は、在日米軍が司令部と第五空軍司令部をおく主要基地です。

見学者には愛好家らしき男性が

事故率の高い欠陥機オスプレイ。横田にはCV22が5機配備
友好祭で展示されていた航空機の中ではいちばん人気
座り込みを初体験しました!!
座り込み行動は、毎月第3日曜に基地の第2ゲート近くのフレンドシップパークで行われていますが、9月16日は友好祭と重なったため福生公園で行われました
激励に駆けつけた吉良よし子参議院議員
横田基地の撤去を求める西多摩の会
米軍基地NO!
立川労連
都教組
板橋区職労
三多摩労
オスプレイNO
沖縄の痛みは
日本の痛み
わたしの痛み
オスプレイNO!
横田基地撤去せよ!
日本のどこにもオスプレイはいらない
CV-22横田基地配備は断念せよ!
横田基地の撤去を求める西多摩の会

目立ちましたが、子連れの若い夫婦が、自衛隊の制服を着たり、米軍機の前で米軍人とともにピースサインをして写真撮影する様子には複雑な思いを抱きました。

座り込み行動を初体験

友好祭のあとは、基地西側の第五ゲート近くにある福生公園で「オスプレイ飛ぶな、基地撤去を」の座り込み行動に参加しました。短時間でしたが、通行人の反応などを知ることができて面白かったです。座り込み行動を呼びかけている「横田基地の撤去を求める西多摩の会」（以下、撤去の会）の高橋美枝子代表に話を

横田基地の実態を日本全国の人に知ってほしいです
「横田基地の撤去を求める西多摩の会」代表の高橋美枝子さん
高橋さんが2007年から月2~3回発行している横田基地ミニ情報
横田基地撤去の運動は、大きく広がっています。昨年11月の座り込みには都内の高校生も参加してくれました
「横田基地の撤去を求める西多摩の会」事務局長の寉田一忠さん
「撤去の会」HPにバックナンバーが
世界に平和を・戦争の基地はいらない
寉田さんが「大きかった」と話す2013年1月13日付「赤旗」のスクープ
しんぶん赤旗　2013年1月13日日曜日
空軍事故多発機
嘉手納にオスプレイ計画
空軍長官も言明
嘉手納への配備計画には、「オール沖縄」が団結して撤回を求める建白書を提出。反対が強まるなか、米軍が候補地にあげたのが横田だった
米軍の計画は2024年ごろまでに計10機、人員450人!!
こんな異常な計画、ありえないでしょ!
米政府が日本の住民に黙ってこんな計画を進めていたなんて許せません!!

聞きました。「一〇月一日に米空軍のCV22オスプレイの横田基地正式配備が決まりましたが、オスプレイはすでに四月から周辺自治体への事前通告なしにバンバン飛んでいます。夜間、低空飛行訓練、パラシュート降下などの特殊訓練を行い、五〇〇回以上も離着陸を繰り返しています」。

日本政府は、基地をすぐに撤去できないなら、情報開示や最低限の安全確保に力を注ぐべきです。「地元の声に聞く耳を持たない米軍や防衛省へ目に見える形で行動することが大事」という高橋さん。おおいに共感しました。

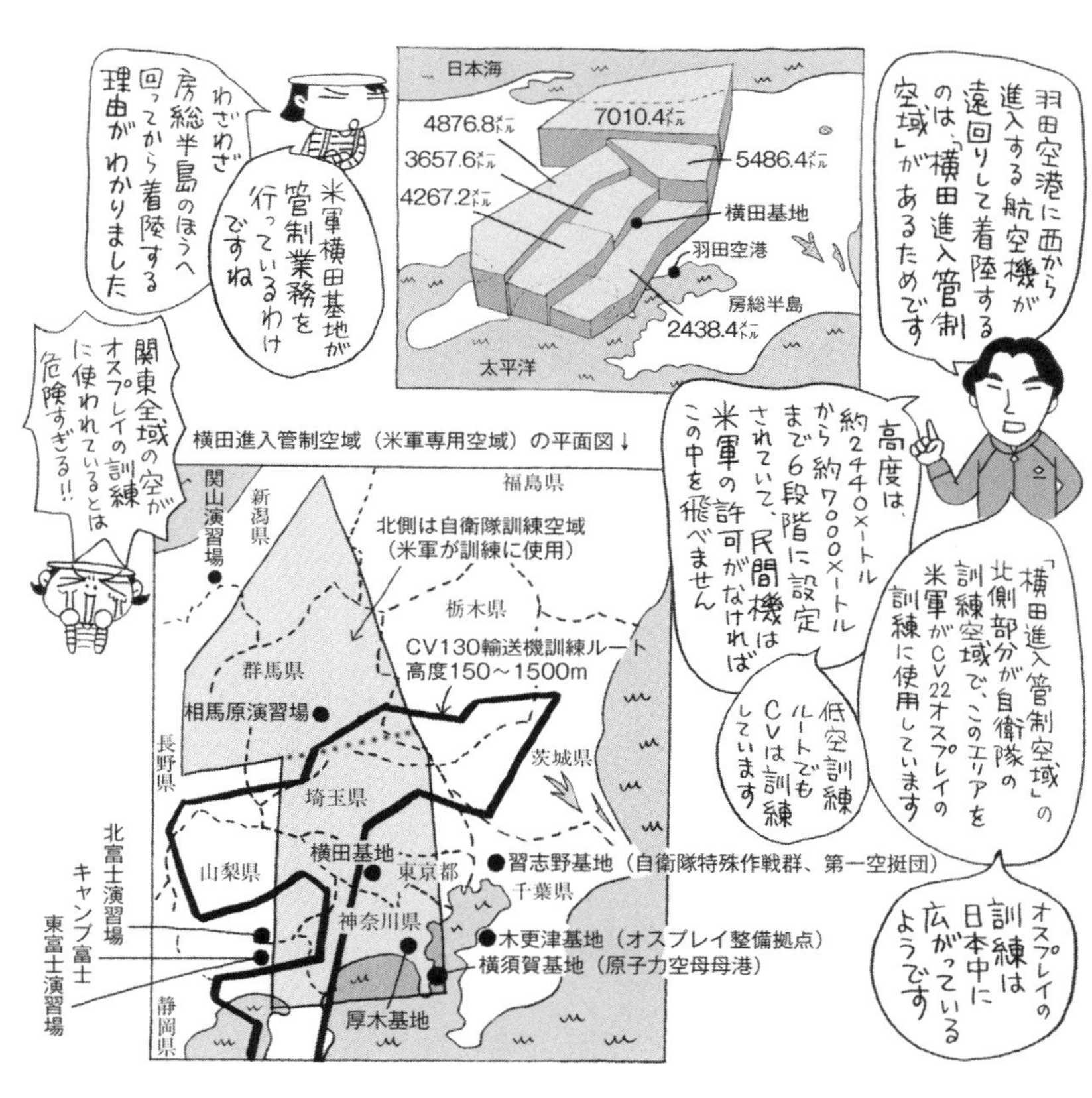
羽田空港に西から進入する航空機が遠回りして着陸するのは、「横田進入管制空域」があるためです
米軍横田基地が管制業務を行っているわけですね
わざわざ房総半島のほうへ回ってから着陸する理由がわかりました
日本海
7010.4メートル
4876.8メートル
3657.6メートル
5486.4メートル
4267.2メートル
横田基地
羽田空港
房総半島
2438.4メートル
太平洋
高度は、約2440メートルから約7000メートルまで6段階に設定されていて、民間機は米軍の許可がなければこの中を飛べません
関東全域の空がオスプレイの訓練に使われているとは危険すぎる!!
横田進入管制空域（米軍専用空域）の平面図↓
関山演習場
新潟県
福島県
北側は自衛隊訓練空域（米軍が訓練に使用）
栃木県
CV130輸送機訓練ルート
高度150～1500m
群馬県
相馬原演習場
長野県
茨城県
埼玉県
横田基地
山梨県
東京都
習志野基地（自衛隊特殊作戦群、第一空挺団）
千葉県
北富士演習場
キャンプ富士
東富士演習場
神奈川県
木更津基地（オスプレイ整備拠点）
横須賀基地（原子力空母母港）
厚木基地
静岡県
「横田進入管制空域」の北側部分が自衛隊の訓練空域で、このエリアを米軍がCV22オスプレイの訓練に使用しています
低空訓練ルートでもCVは訓練しています
オスプレイの訓練は日本中に広がっているようです

特殊作戦部隊の輸送が任務のオスプレイ

横田基地の前身は、旧日本陸軍の多摩飛行場です。戦後、米国が接収して、朝鮮戦争やベトナム戦争時には、出撃・補給拠点に。現在、C130輸送機を主力とする空輸の中心基地です。一時期、米軍機の飛行回数が減ったものの、「米軍再編」で様子は一変。「撤去の会」の寉田（つるた）一忠事務局長はこう言います。「大きな変化の極め付きが、CV22オスプレイの正式配備です。CVが輸送する特殊作戦部隊は、敵地に潜入して、拉致、暗殺、強襲作戦などを行います。

横田基地を拠点として、常に最高のレベルで出動できるよう激しい訓練を全国で行うのが目的です。なんとしても反対しなければなりません」。

基地被害は五市一町以外でも。自宅が横田基地から西へ二キロの位置にある、あきる野市在住・前田眞敬（まさよし）さん（東京・あきる野9条の会事務局長）は、CV22オスプレイの訓練について「騒音だけでなく、恐怖を感じます」。

米空軍機の中で事故率が突出して高いCV22オスプレイ。米キャノン空軍基地では地元住民の反対運動で訓練が中止になっているほどです。

日本への最初のオスプレイ（MV）配備は、二〇一二年、沖縄・普天間基地から。沖縄県の県議会とすべての市町村議会が反対し、日米両政府に抗議したにもかかわらず強行されたのです。そして横田基地へ。市民に恐怖を与えるこんな政治がまかり通っていいはずがありません。

〝基地騒音に失われたまち〟

二〇一八年一〇月一五日、再び、井上さんの案内で横田基地へ。東西約二・九キロ、南北約四・五キロ、周囲約一四キロ。基地を車で一周すると約四〇分でした。

周りは住宅密集地です。滑走路中心から三キロの円内にある学校は三〇以上、保育園は

交通量の多い道路の上に!!
新青梅街道の上に誘導灯が立体交差で設置されている!!
基地周辺が一望できるこの屋上からでも基地の端から端までは見えません
こんな広大な土地を基地に使うとはもったいない!!
箱根ケ崎駅
基地周辺には住宅や学校、老人施設や病院がたくさんあります
2018年4月にパラシュートが落下した羽村三中
新青梅街道
屋上から基地周辺が見渡せるショッピングセンター
ニュー・アメリカン・ビレッジ
旧八高線
JR八高線
現在の横田基地
直径3.3メートルの上水道の導水管が地下を走っている
旧国道16号
地下燃料タンク
米軍住宅
石川島播磨重工瑞穂工場
アメリカでの9・11テロのあと数ヶ月間、基地内部に点々と置かれた監視台に銃を持った兵士が立って外をにらみつけていました
東京都水道用地
米軍住宅や学校は日本の「思いやり予算」で建設されたもの
接収当時の基地の範囲
基地を結ぶ歩道橋
格納庫
オーバーラン含めて約4000mの滑走路
コワーっ
東福生駅
第2ゲート
ショッピングモール
在日米軍司令部
管制塔
小学校
国道16号
米軍住宅
弾薬庫
フレンドシップパーク
航空自衛隊航空総隊司令部
福生公園
燃料タンク
病院
基地を拡張するときに八高線や国道16号線、五日市街道は経路が変更されています
牛浜駅
旧五日市街道
第5ゲート
ゴルフ場
野球場
五日市街道
JR青梅線
高校
五日市街道
引き込み線
旧堀向地区の石碑（昭島市環境コミュニケーションセンター前）
基地の騒音被害で失われた街「堀向」の石碑があります
ひどいなぁ
JR五日市線
福東トモダチ公園
主に燃料を運搬
拝島駅
西武拝島線

約四〇あります。普天間基地に匹敵する危険な基地だと思います。

衝撃を受けたのは、昭島市旧堀向（ほりむこう）地区の石碑です。同地区は、一九四〇年、旧日本海軍直轄の軍需工場の社宅建設を契機に街が発展しましたが、朝鮮戦争勃発とともに横田基地の騒音被害が激化。『基地騒音に失われたまち　昭島市拝島町堀向』（澤未知子著、一九七九年、陽光出版社）では、その被害を〈罪なくして受ける酷烈な拷問〉と表現しています。ベトナム戦争に向かう六〇年代には、練習機から模擬爆弾が落下するなど、住民の生活は戦時下と同じ恐怖にさらされます。六五年頃から移転を余儀なくされ、石碑には「五七〇戸といわれる多くの住民がこの地を離れました」と刻まれています。なくなった街の跡に立って涙が出ました。

宮本徹衆議院議員にインタビュー

二〇一八年一〇月一七日、日本共産党の宮本徹（とおる）衆議院議員にインタビューしました。宮本さんの選挙区（東京都二〇区）には、横田基地が置かれている五市一町の一つ、武蔵村山市が含まれています。地元自治体議員とともに、衆議院議員会館に防衛省を呼んで、米軍に抗議せよと要求する姿はたびたび「しんぶん赤旗」で報じられています。横田基地へのＣＶ22オスプレイ配備強行の米軍の目的について聞きました。

「米軍は、横田基地へのCV配備によって、アジア太平洋地域で特殊作戦部隊を迅速に投入する体制をつくりたいのだと思います。米本国、英国でのCV配備と合わせて、世界中どこでも特殊作戦部隊を投入できるようにしようというわけです」

二〇一五年五月、日米両政府は横田基地へのCV配備を突然発表。その二年前の七月、米側が、横田基地が配備候補地と認めたため、五市一町は配備検討撤回の要望書を日本政府へ送付していました。この要望を政府は米国に伝えたのか――。宮本さんの質問に岸田文雄外務大臣（当時）は、まともに答えませんでした。

「当時は、朝鮮半島有事を念頭に置いていたと思われますが、二〇一八年に入って、南北首脳会談、米朝首脳会談と平和への努力が進んでいます。横田基地へのCV配備は、『アジア太平洋地域の安定に資する』どころか、マイナスのメッセージにしかなりません」

駐留は米国の国益のため

沖縄の辺野古新基地建設も政府はいまだに「普天間基地の危険性の除去」とうそぶきま

2018年4月10日午後4時45分ごろ羽村第3中学校に米軍のパラシュートが落下しました
もしパラシュートが自分に当たったらと思うとぞっとします
原因究明されないまま、12日に米軍は同じ訓練を再開しました
コワーっ
沖縄でも同じ事故が起きたばっかりだし……
13日・衆院外務委員会
事故原因は確認究明されたんですか?
ピシッ
メーンと予備のパラシュートが同時に開いた事故との説明を受けて……
パラシュートの検査をしたとの説明を受けました
宮本徹議員
山本朋広防衛副大臣
メーンとサブのパラシュートがなぜ同時に?
ピシッ
ひもが絡まったという説明がありました
ピシッ
なぜひもが絡まったんですか?
ひもが絡まるか絡まらないかすべてのパラシュートを開いて……またきれいにたたんで収納……との説明を受けました
ピシッ
だいたいこんな住宅密集地の真ん中にある基地でパラシュート降下訓練すること自体が間違っています
その通りだと思います

すが、住宅密集地に基地があるのが危険なら、横田基地も危険です。日本全国にある米軍基地という大きな危険を除去すべきです。在日米軍基地撤去に向けて国民の合意は得られるのでしょうか。

「米軍基地の存在は日本国民にとって百害あって一利なしです。米軍犯罪や事故、騒音などの被害者はよくわかっています。地位協定で米軍に一方的に与えられている特権の問題もあります。基地と生活は両立できないという実態を多くの人に知ってもらうことが大事です」

〝日本の防衛のために米軍基地は

必要〟という意見については？

「在日米軍基地が日本を守るためでないことは米側も認めています。沖縄の海兵隊や横田のオスプレイ部隊は、有事の際に真っ先に乗り込んでいく部隊ですし、横須賀の第七艦隊は、インド太平洋全域が作戦エリアです。三沢（青森）の米航空戦闘機部隊は航空宇宙遠征軍の一翼です。すべて米国の国益のためなのです」

一九九一年、米政府のチェイニー国防長官（当時）は米下院予算委員会で、「われわれは慈善のために日本に駐留しているのではない。米国の国益のためだ」と発言。九五年にはペリー国防長官（当時）も、「日本の在日米軍への支援でもっともわかりやすい尺度は、日本が在日米軍駐留経費の70％以上を提供しているということだ。これは、われわれの（戦闘）準備体制を助けている」と語ったことが明らかになっています。

宮本さんには、日米外交に影響を与えている米国の〝知日派〟グループが、日本に対してくり返し、米軍と自衛隊の一体化のため集団的自衛権の行使容認を提言していたことなども教えてもらいました。第二次世界大戦以降、世界で一番戦争をした国は米国です。そうした国の軍隊と一体化していくのは大変危険です。一刻も早い方向転換を望みます。

日本の国のあり方を問うもの

横田基地をフィールドワークして、差し迫った危険な実態が見えました。二〇一八年七月一一日開催の日本共産党創立九六周年記念講演会で志位和夫委員長は、米軍基地問題は、「日本の国のあり方を問うています」と述べましたが、まさにその通り。在日米軍基地は、「日本国憲法がさだめた平和主義、基本的人権、民主主義、そして地方自治と相いれないもの」（同前）です。日本共産党綱領にある、日米安保条約を廃棄して対等平等の立場にもとづく日米友好条約締結へ、という政策がいかに現実的であるかを発見しました。

二〇一九年一二月三〇日付「赤旗」の報道によると、横田基地へのＣＶ22オスプレイ正式配備（二〇一八年一〇月一日）から一九年九月までの一年間で、横田基地でのＣＶ22の離着陸回数は八〇〇回を超えました。防衛省北関東防衛局が周辺自治体に提供していた目視情報だけでも五七五回。「横田基地の撤去を求める西多摩の会」の調査では、八四〇回におよびます。

②働く人にあったかい手をさしのべる党！

副委員長の山下芳生さんにインタビュー

二〇一七年に三二歳で自死した歌人・萩原(はぎはら)慎一郎さんの歌集『滑走路』（二〇一七年、角川文化振興財団）を読みました。非正規就労の困難さを詠んだ歌に共感が広がり、大反響を得ている本です。

激増する非正規雇用は日本経済に大きな影を落としています。労働法制はどう変わってきたのか。日本共産党はどうたたかってきたのか。共産党の労働分野を担当する国民運動委員会責任者（当時）で、副委員長・参議院議員の山下芳生(よしき)さん（58）に、二〇一九年一月二二日、話を聞きました。

副委員長・参議院議員の山下芳生さんに聞いた

二〇一八年六月、参議院本会議で自民、公明、維新の会などが審議を打ち切り、数の力で「働き方改革」一括法案を強行採決しました。日本共産党、国民民主党、立憲民主党、希望の会（自由・社民）、沖縄の風は激しく反対、「戦後最悪の労働法制大改悪だ」と批判しました。改悪のポイントは何でしょうか。

「一つは、月一〇〇時間の残業を認めたこと。過労死は月八〇時間で認定されますから、過労死の合法化です。もう一つは、高度プロフェッショナル制度。どれだけ働いても残業代ゼロというもので、私たちは残業代ゼロ制度と呼んでいます」

高プロ制度について政府は、時間ではなく成果で賃金を支払う、「自由で柔軟な働き方」を選択できるものだと説明しました。これに対し、労働法が専門の上西充子（うえにしみつこ）・法政大学教授は、「自由で柔軟な働き方」は印象操作であり、労働者が「柔軟に働けるのではなく、（使用者が）柔軟に働かせるものだ」と指摘していましたね（二〇一八年六月四日付「しんぶん赤旗」）。

「残業代ゼロ制度は、労働時間の規制をなくすものです。残業や深夜・休日労働に割り増し賃金を支払わなくていいということです。労働者にはどんどん仕事が与えられ、時間がかかるのは能力がないからだと言われ、過労死がさらに増えるでしょう。傍聴を続けた過労死遺族のみなさんも、『この制度だけはやめてほしい』と言っていました」

長時間労働の規制強化こそ

全国過労死を考える家族の会代表世話人の寺西笑子（えみこ）さんは、五月二二日、衆議院厚生労働委員会の参考人質疑で、「高プロ制度は労働時間も使用者に把握義務がなくなるので、過労死しても過労死の労災認定はほとんど無理になり……遺族にとっては地獄のような生活になります」（一八年五月二三日付「赤旗」）と発言しました。

「過労死は、大きな社会問題です。二〇一五年一二月には、電通社員の高橋まつりさんが、一七年三月には、新国立競技場建設の現場監督だった男性が過労自殺しました。一七年一〇月には、ＮＨＫの佐戸未和さんが四年前に過労死していたことがわかりました。いずれも二〇～三〇代の若者です。長時間労働や過労死を防ぐためにも、私たちは真の働き

続 マンガ日本共産党発見!! その1
おばあちゃんの2つの教えがありました
山下よしき党副委員長
へぇ
人の役に立つ人になりなさいよ
そして共産党になったらあかんよ
うん
そして数年後——
鳥取大学
共産党員になることが
人の役に立つことだ
19歳の山下さん
…と決意しておばあちゃんの教えをのりこえました
2007年の再選後は若者の雇用問題に力を入れて取りくみ…
ユニクロは入社後3年以内に退社する割合が50%を超えています
2013年のこの質問は
本格的な「ブラック企業」追及として話題になりました
研究したい
安倍首相
質問原稿には毎回「思い」をメモしておくといいます
カリカリ
ユニクロ追及のときは
若者を"使いつぶす"企業にも社会にも未来はない!!
お母さんは「娘のあとを追って死ぬことばかり……」
未和さんの無念を胸に!!
2017年のNHKの記者佐戸未和さんの過労死追及のときは
再発防止に取りくみたい
NHK上田良一会長
天国のおばあちゃんよしきはたくさんの人の役に立ってますよー

方改革が必要だと考えています」

佐戸さんは、首都圏放送センター所属の記者でした。家族、弁護士の調査で、亡くなる一カ月前の時間外労働は二〇九時間だったとわかりました。二〇一七年一二月七日、山下さんは参議院総務委員会で、NHKの上田良一会長（当時）に、未和さんの母親・佐戸恵美子さんの「毎日毎日、娘の遺骨を抱きながら、娘のあとを追って死ぬことばかり考えていた」という言葉をぶつけて、労働実態を批判しました。会長は「反省している。再発防止に取り組む」と答えましたが、未和さんの命は返ってきません。「過労死防止には、長

時間労働を規制するルールの強化が必要です」（山下さん）。

『これが人間らしい働き方のルール　日本共産党の立法提案』（市田忠義監修、二〇〇八年、新日本出版社）を読みました。労働法制改悪が、日経連「政府規制の撤廃・緩和要望について」（一九九六年）、経団連「産業競争力強化に向けた提言」（一九九九年）など財界の要求に沿って行われてきたことがわかりました。経団連は、二〇〇〇年代初めからホワイトカラー労働者を対象にした労働時間規制の適用除外制度の創設を提言し続けてきました。高度プロフェッショナル制度も、そうした財界の長年の要望に応えてのものなのです。

「八時間働けばふつうに暮らせる社会」

労働法制改悪に一貫して反対してきた日本共産党は、「八時間働けばふつうに暮らせる社会」の実現を対案としてきました。対案のポイントは何でしょうか。

「日本の働き方で解決すべき最大の問題は、異常な長時間労働です。欧州では、ＥＵの『労働時間指令』によって週の労働時間が残業を含めて四八時間に制限されています。日本の労働者は、欧州主要国の労働者より年五〇〇時間程度、長く働いています。昨年の

『働き方改革』では、残業上限を月四五時間としつつ、例外として過労死基準をこえる一〇〇時間を容認しました。ですから、まずは残業時間の上限を週一五時間、月四五時間、年三六〇時間とし、例外を認めないことです。二つ目は、連続一一時間の休息時間（勤務間インターバル規制）を確保する。三つ目は、正規雇用が当たり前となるよう規制を強化し、労基法制定時のルールに戻す。これらの実現のためには、中小企業支援とセットで最低賃金を上げる必要もあります」

映画「マルクス・エンゲルス」（仏・独・ベルギー合作、ラウル・ペック監督）には、一八四八年の「共産党宣言」完成が、長時間労働と無権利に苦しむ労働者のたたかいなどを受けたものであることが描かれていました。一八四八年は、英国で工場立法による最初のルール、一〇時間労働制導入の年でもあります（『綱領教室　第2巻』志位和夫著、二〇一三年、新日本出版社）。共産党の対案が、国際的、歴史的裏づけのあるものだと理解できました。

〝世界のソニー〟が震災口実に雇い止め

山下さんは、一九六〇年、香川県生まれ。鳥取大学農学部を卒業して、大阪かわち市民生協（現パルコープ）に勤務。一九九五年に参議院大阪選挙区から初当選。落選をはさんで、二〇〇七年に再び国会へ。

山下さんのこれまでの国会論戦をたどり、最も印象に残ったのは、二〇一一年、東日本大震災を口実に、ソニー仙台テクノロジーセンター（仙台TEC＝宮城県多賀城（たがじょう）市）で計画された非正規労働者の雇い止めです。こんなひどいことがあったんですね。

「期間社員の青年たちは、震災直後、浸水被害の工場で泥のかき出しなど復旧作業に精を出しました。ところが、復旧の見通しが立ち始めた矢先、ソニーは、被災を理由に事業所の縮小計画を発表したのです。労働者二〇〇〇人のうち、正社員二八〇人を県外へ配転し、期間社員一五〇人は全員、雇い止めにするという計画でした」

山下さんは期間社員への聞き取り調査を行い、二〇一一年七月、国会で菅直人首相（当時）に質問。気仙沼市の水産加工会社が八〇〇人の従業員を一人も解雇せず町の復興のためにがんばっているのに〝世界のソニー〟はなんだと。ソニー労組仙台支部（電機連合加盟）に加入してたたかいに立ち上がった二二人のうち、代表七人が仙台から傍聴にかけつけ、「（山下さんは）思いをすべてぶつけてくれた」と泣きました。

「聞き取り調査では、『自分も被災しながら、どうして工場の復旧作業にかけつけたのか』ということも質問しました。彼らは、『僕たちは、ソニーで働いていることに誇りを感じているんです』と答えました。みんな、ソニーが本当に好きなんです。私は、彼らが、SONYというブランドそのものだ、と思って感激しました」

たたかいに立ち上がった期間社員たちは正規雇用を勝ち取りますが、傍聴席にいた一人、小高洋(こだかひろし)さんは、なんと、現在、日本共産党の塩竈(しおがま)市議！　第二六回党大会（二〇一四年）では、〈党を大きくすることが、自分たちのような人たちをもうつくらない、その一番の近道だと決意した〉と発言しています。

「派遣切り」を許さないたたかい

一九四七年、労働基準法は、前年制定の日本国憲法のもと、「人たるに値する」労働条件を第一条一項に掲げ誕生しました。直接雇用を原則とし、労働者を他の企業に派遣して賃金を〝ピンはね〟することは禁じられていました。

しかし、一九八五年、自民、公明、民社の賛成で労働者派遣法が成立。制定時には「一時的限定的」とされた派遣労働は、九九年に「原則自由化」。二〇〇三年には、ほとんどの業務に労働者を派遣できるように改悪されました。〇八年、リーマンショック後の「派遣村」や「非正規切り」とのたたかい、民主党政権の誕生で、規制緩和一辺倒から規制強化への流れが生まれたのですが、第二次安倍政権の発足で派遣期間そのものの制限が廃止されたのです。人さえ入れ替えればいつでも派遣労働者を受け入れられるなど、「生涯派遣、正社員ゼロ」を狙う改悪が行われました。それでも、「常用的な業務」への派遣期間の延長は認められておらず、派遣労働者は三年たてば正社員化するのが原則です。派遣会社には、派遣先への直接雇用を依頼するなど「雇用安定措置」が義務づけられています。

「『派遣切り』や雇い止めを許さないたたかいは全国に広がり、党も労働者とともに、労働局やトヨタなど企業本社への要請、国会論戦などをくりひろげました。労働者自らが声をあげ、労働組合結成や裁判などに粘り強くたたかってきました」

自己責任ではなく政治の責任

二〇〇七年、山下さんは、日雇い派遣についても質問しています。当時、日雇い派遣は、派遣法違反ではないかとされながら実態が調査されないままでした。山下さんは、早朝の駅前の集合場所で青年たちに聞き取り調査を敢行。派遣場所まで、ドアが閉まると中が真っ暗になる冷凍車のようなトラックの荷台に積まれて行くという話に、「人間をモノ扱いする社会や企業に未来はない」と憤慨したといいます。

同年一一月、山下さんはこうした実態を、舛添要一厚生労働大臣（当時）に突きつけ、政府は「日雇い派遣の原則禁止」を言い出さざるをえなくなりました。現在、日雇い派遣は禁止されていますが、経団連は見直しを求め続けています。

「正社員になれないのは、若者の意欲と能力が足りないからだと答弁した大臣がいましたが、もうそんなウソは通じません。派遣法ができるまでは正社員がほとんどで、非正規は一割程度。いまは半分が非正規です。若者の自己責任ではなく、ルールを変えた政治の責任なのです」

二〇〇八年二月、志位和夫委員長が衆議院予算委員会で行ったキヤノンの雇用実態の告発も大きな話題になりました。一時的限定的とされた派遣労働者が正社員の代替になっているという指摘でした。質問の動画再生回数は一万三〇〇〇回以上に及びました。

いすゞ自動車は同年、期間・派遣社員一四〇〇人を契約途中で解雇すると発表しますが、労働契約法に違反するやり方に、非正規労働者が「泣き寝入りしたくない」と労働組合を結成。解雇無効の仮処分を地裁に申し立て、直接雇用の期間社員五五〇人の解雇を撤回させました。

「いすゞ自動車の非正規雇用労働者が労働組合をつくったとき、NHKの夜の七時のニュースは、〝ついに労働者が立ち上がりました〟とトップニュースで報じました。非正規の若者たちが立ち上がったから、派遣法を改正しなければいけないという方向になっていったのです」

悪い法律は、実施させないたたかいを

残業代ゼロ制度は二〇一九年四月から施行されます。たたかう方法はあるのでしょうか。

「いい法律は職場に生かせるように、悪い法律は実施させないように職場でたたかうことが大事です。残業代ゼロ制度も、労働組合が労働協約で取り入れることを認めなければ、職場に持ち込めません。残業代ゼロ制度は絶対ダメだと一致して、さまざまな立場の労働組合も野党も一緒に国会内外でたたかいました。〝通されたからしゃあないな〟とはなりません」

ホントに国会内外での「市民と野党の共闘」は進んでいますよね。「日本共産党を除

く」の「オール与党」体制は、一九八〇年の「社公合意」が始まりでした。「市民と野党の共闘」は、二〇一五年の安保法制＝戦争法反対のたたかいのなかで始まりましたから、労働法制改悪の歴史と「共産党を除く」の歴史は重なるのでは？

「それはあると思います。一九九九年の派遣法『原則自由化』に反対したのは共産党だけでした。しかし今回、野党はみんな、労働法制改悪反対で共闘しました。過労死を促進するような法律を通してはならない、企業も日本経済もたちゆかなくなる、という思いは共通です」

労働組合は役に立っているの？

日本の労働組合は御用組合だといわれます。労働者の権利を守るうえではあまり役に立っていないのでは？　地域別や産業別であれば一律の要求実現ができそうですが、企業別では御用組合化するのも当然のように思います。

「企業別組合の弱点を克服するには産業別に結集し、地域にたたかいを広げる必要があります。電機大手は、九〇年代からリストラの連続ですが、労働組合がリストラに協力しています。人減らしで企業の経営をなんとか保つというものです。たとえば、研究者のリーダーがリストラの対象になります。いい研究者ほどチームワークを大事にしますが、職場を管理・支配するためにはチームワークは邪魔です。これは、職場ではものすごい矛盾です」

リストラ対象にされた人たちを助ける労働組合はないんでしょうか。

「全国労働組合総連合（全労連、一九八九年結成）は、リストラはもちろん、労働者の権利を守り、要求の実現をめざして、産業別の組合や県別のローカルセンターとともに頑張っています。実際にリストラをやめさせるなどの成果もかちとっています。また、大企業職場では、二〇一一年、電機・情報ユニオンという、労働者の立場にたってリストラとたたかう労働組合ができ、全労連と共同してたたかっています。個人加入で全国単一の産業別労働組合です。職場の門前でビラを配ると、いっぱい受け取られ、アンケートに返信がたくさん返ってくるそうです。実際に、団体交渉でリストラをやめさせたり、不払い残業を是正させたりしています」

確かに、日本共産党が二〇一八年五月に開催した職場党組織の交流会議「職場問題学

続 マンガ日本共産党発見!! その2
大阪選挙区が送り出した共産党国会議員といえば…
山下さん
岩をもこじあけてがんばります
沓脱タケ子さん
沓脱さんは1976年に「サービス残業」を国会で初めて質問した人なんですね
山下さんは「岩をもこじあけて」を受けつぎ1995年参院大阪選挙区から立候補
35歳の山下さん
日本共産党
よっしゃ業者回りや
ラーメン
日本共産党の山下よしきです
当選したら…
ラーメン食べさしたるわ
若造やな
え…
選挙直前、業者の後援会の集まりで…
どうかみなさん…
よっしゃあの話したろ
共産
山下よし
私にラーメンを…
食べさせてください!!
食べさせたるで!
ワー
ワー
そして見事当選
やったーラーメン食べれるーっ
パチ
パチ
おめでとうがんばりや
う〜ん好みやなかった…
実は自分で打つほどうどん好き
香川県出身

習・交流講座」の報告・発言を読むと、自治体職場で人員増を勝ち取った話や、管理職が入党したという話まであってビックリしました。川崎重工の共産党のみなさんが作成した職場綱領のパンフを通じて、対話や学習会が始まっているという話もありました。いろいろ変化が生まれているんですね。

〝株主資本主義〟に未来はない

「いまの大企業は株主資本主義なんです。人件費を中心に〝コスト〟を削減し、増えた利益を株主に回す、株主最優先のやり方です。長時間・過密労働のうえに、職場の人間関係を考えずにリストラするので、精神疾患が激増しています。こんなやり方で企業に未来はあるんだろうかと、多くの心ある人は考えています」

「赤旗」の連載記事「資本主義の病巣　日本をカットした日産」(二〇一九年一月二〇日〜二六日付)によると、一八年一一月に逮捕された日産自動車のカルロス・ゴーン前会長が追求したのが株主最優先の株主資本主義です。この方向は、一九九九年成立の産業活力再生特別措置法によって助長されました。企業がリストラするほど国から補助金が入る法律です。この法律に基づき日産はリストラを行い、安倍首相も日産のリストラを絶賛しました。企業や政府が、人間の働く権利を平気で奪える日本の現状は異常です。日本共産党綱領にある〈国民の生活と権利を守る「ルールある経済社会」をつくる〉ことが求められているのではないでしょうか。

「日本共産党は、世界を変え、日本を変えるという大きな志で結ばれた人間集団ですが、困った人をほっとけない、あったかい人間集団でもあります。私自身が入党を決意する過程や専従者になって活動するなかで、そういう体験をしました。だから共産党員は、職場でも、リストラの対象になった人に声をかけるのです」

困った人をほっとけない

日本共産党が「サービス残業」や「派遣切り」、「ブラック企業」根絶など、働き方を良くするために、労働者の思いを代弁して取り組んできたことがわかりました。キヤノンやユニクロなど企業名をあげて追及できるのも、企業・団体献金と無縁だからなんですね。

山下さんが、非正規の青年たちの話をするたび、目をうるうるさせていたことが忘れられません。インタビューを終えて数日後、山下さんから、「次々と過去の自分の感動体験を思い出し、政治家としての原点に立ち返ることができました」と手書きのハガキをもらいました。困った人をほっとけない、あったかい共産党を押し上げて、政治を動かしたいです。

③おぞましきカジノより暮らし第一へ！

参議院議員の大門実紀史さんにインタビュー

フランシス・フォード・コッポラ監督の映画「ゴッドファーザー」に、ラスベガスでカジノ・ホテルを経営するモー・グリーンという名の男性が登場します。彼がマフィアに殺される場面は凄惨（せいさん）です。カジノと聞くと、あの場面を思い出しゾッとします。一九九九年、石原慎太郎氏が東京都知事就任直後に「お台場カジノ」構想を表明したときもゾッとしました。安倍政権が狙うカジノ解禁には断固反対です。

参議院議員の大門実紀史さんに聞いた

二〇一九年二月一五日、カジノ解禁の危険性を国会で追及してきた日本共産党の大門実紀史（だいもんみきし）参議院議員（63）に話を聞きました。安倍政権によるカジノ解禁問題と、とばくのような経済政策の仕組みを暴いた『カジノミクス』（大門実紀史著、新日本出版社）も、二〇一八年一二月に出版され、日銀マンに読まれるなど大好評です。

二〇一八年七月二〇日、安倍政権は「カジノ実施法」（特定複合観光施設区域整備法＝IR法、IR＝「Integrated Resort」の略）を強行成立させました。大阪を筆頭に複数の自治体が誘致検討を進めるなか、慎重姿勢だったはずの東京都まで、カジノ実現に関する情報提供を国に要求していることがわかりました（一九年二月一六日付「赤旗」）。都民の批判で消えたおぞましきカジノ構想の復活は許せません。

「カジノ実施法」の最大の問題点は何でしょうか。

「カジノはとばくです。とばくは刑法で禁止されている犯罪です。とばくを禁じてきた長い歴史があります。違法なものを無理やり合法にしたことが根本的な問題点です」

とばくが刑法で禁止されている理由は、「国民をして怠惰浪費の弊風を生ぜしめ、健康で文化的な社会の基礎を成す勤労の美風を害するばかりでなく、甚だしきは暴行、脅迫、殺傷、強窃盗その他の副次的犯罪を誘発」し、「国民経済の機能に重大な障害を与える恐れすらある」（一九五〇年一一月二二日、最高裁判例）からです。では、競馬や競輪はなぜ許されているのでしょうか。

「競馬や競輪などは公営とばくです。戦後の復興支援や地方自治体の財源難を理由に特別立法で実施されました。しかし、本来は違法です。〝合法〟とするために法務省は、違法性阻却のための八要件を示しました。阻却とは取り外すという意味です。最も重視された要件は『目的の公益性』です。それで公営でのみ認め、収益は住民サービスや産業振興などに使われてきました」

「収益の使途を公益性のあるものに限る」という立場から、法務省も「民営カジノはむずかしい」といってきたのに、民営カジノが安倍政権の優先課題になるなかで、あいまいな姿勢に変化していきます。

カジノ推進法は、民間の事業者がカジノの粗利益（客の負け分）の三割を納付金として国・地方自治体に納めれば、残りの七割は事業者が懐に入れる仕組みになっています。大門さんは、上川陽子(かみかわようこ)法務大臣（当時）が、「公益性にてらして収益を配分するのは大きな要素だ」と答えたのにたいして、「どうしてそれでとばくという犯罪行為が合法化されることになるのか」と批判しました（二〇一八年六月二五日、参議院予算委員会）。

続 マンガ日本共産党発見!! その3
大門みきし参院議員→
趣味は絵本収集です
最近読んだなかでおすすめの1冊は？
この本です
地下鉄
作・絵：ジミー〈幾米〉訳：宝迫典子
↑小学館刊
失明した女の子の話です
舞石（現・生田目）幸江さんのことを思い出したんです
20歳のとき病気で失明した幸江さん→
がんばってね
あめとガム→
ありがとう
演説会にはいつも来てくれました
つらいことがいっぱいあっただろうに……明るくて前向き……
↑大門さんのフェイスブックの文
ジーン
今回のテーマのギャンブルネタも読んでみよー
それは2018年6月姫路駅前の定食屋でのこと
競馬にはまらんかったらいまごろは娘と暮らしてた
競馬新聞
わかっちゃいるけど…
やめられへん
アホやねん
政治は人の弱さにつけこむほうをただすべきです
↑大門さんのフェイスブックの文
ジーン
みきしは弱い人の味方やね
↑大門さんの母の言葉

カジノ解禁先にありき

違法性阻却のための八要件があります。①目的の公益性②運営主体等の性格③収益の扱い④射幸性の程度⑤運営主体の廉潔性⑥運営主体の公的監督⑦運営主体の財政的健全性⑧副次的弊害の防止です。「カジノ実施法」の審議で大門さんは、石井啓一カジノ担当大臣（当時）や中川真「ＩＲ推進本部」事務局次長（当時）に違法性の阻却について問いましたが、「ゲームをどういうものにするかはまだ決まっていない」など、答弁は的外れでしたね。

「八要件の核心は、①②④の三点です。それらを満たすには公営とばくしかありえません。『カジノ実施法』は民営とばくの解禁ですから、違法性を阻却しているわけがないのです。違法性を阻却しているか検討、判断したのは内閣府に設置された『ＩＲ推進会議』です。メンバーに刑法の専門家がいないどころか、カジノ業界から報酬を受けている人物まで入っていました。〝カジノ解禁先にありき〟の法案だったのです」

人の不幸を前提にしたビジネス

安倍首相は、カジノ解禁が「外国人観光客を増やし、観光振興の目玉にする」と言って、シンガポールを成功例にあげました。実際はどうなのでしょうか。

「シンガポールは観光客が増えたといっても１３２％、日本は４６１％（二〇一一年から一七年の推移）。カジノのない日本の方が、外国人観光客は何倍にも増えています。日本の観光振興にカジノはいりません」

石井大臣も「経済の振興」を口にしていましたが、カジノに経済効果はあるのでしょうか。

「カジノは人からお金を巻き上げるだけです。人の不幸の拡大を前提にしたビジネスです。経済効果をうんぬんするようなものではありません。いまでも三〇〇万人以上のギャンブル依存症者がいるのに、カジノが導入されれば、さらに増えるでしょう。どうしても経済効果をいいたいなら、依存症対策費用や倒産、自己破産などの社会的損失もコストに含めなくてはいけません」

二〇一七年九月二九日、厚生労働省の研究班は「国内のギャンブル等依存に関する疫学調査」のなかで、依存症が疑われる成人の割合を3・6％と発表しました。同調査の参考資料では、米国1・9％、香港1・8％、韓国0・8％。日本の割合が異常に高いことがわかります。こうした現状でカジノができたらと思うと恐ろしくなります。

「依存症者の八割がパチンコ・パチスロにお金を使っています。しかし、カジノは賭ける金額の桁が違うので負けると大変なことになります。カジノが普通のことになれば、公営ギャンブルも民営でやらせてほしいとか、パチンコも地元商店街振興になるからいいだろうとか、民営とばくの際限のない拡大に道をひらく危険性があります」

「赤旗」には二〇一九年一月三〇日付から五回連載で、日本共産党の辰巳孝太郎参議院議員（当時）、清水忠史前衆議院議員（当時）が、日本のカジノの「手本」とされるシンガポールのIR施設を調査した報告がありました（「カジノに軋む国シンガポールにみる」）。国民の反対を押し切りカジノ導入を決めたシンガポールでは、国民の入場抑制が厳しくおこなわれているにもかかわらず、ギャンブル依存症による借金、犯罪などの問題は未解決です。政府の経済開発庁でカジノ推進側だった元職員の「深く悔いるだけです」の言葉が紹介されていました。

パチンコ「三店方式」も規制を

パチンコについての日本共産党の考えはどうでしょうか。

「ただちにパチンコを廃止するようなことは主張していませんが、現場では以前から青少年の環境問題として、パチンコ出店の反対運動の人たちとの連帯はあったと思います。パチンコは、とばくではなく、風営法上の『遊技』です。しかし、『三店方式』というからくりを使い、風営法で禁じられた換金行為をおこなっていることは大変問題です。個人的な意見ですが、射幸性を制限して換金をやめ、景品交換の『遊技』の世界にもどしたらどうかと思います」

「三店方式」とは、出玉を景品に交換し、それを景品交換所に持ち込むと現金に換えられるシステムです。その規制は、二〇一八年七月、参議院内閣委員会で日本共産党の田村智子議員が強く求めています。「三店方式」を考案したのは警察です。『ギャンブル依存国家・日本』（二〇一四年、光文社新書）の著者で精神科医の帚木蓬生（ははきぎほうせい）氏は、日本がギャンブル大国になった背景には、行政、警察、マスメディア、精神医学会、法律家による「五つの不作為」があると告発し、いまのままでカジノが合法化されたら「国の底が抜けてしまいます」（一四年一一月一三日付「赤旗」）と危惧（きぐ）しています。

とんでもない〝売国法〟

国際金融論が専門の鳥畑与一（とりはたよいち）・静岡大学教授は、『カジノ幻想』（二〇一五年、ベスト新書）のなかで、カジノの弱点に〝カニバリゼーション（共食い）〟を挙げています。米国では、カジノ開業により宝くじなど既存のギャンブル売り上げや周辺地域での消費が減少。カジノの〝繁栄〟は、周辺の経済活動を犠牲にして成り立つものなんですね。

「鳥畑教授は、参考人質疑（二〇一八年七月一三日、参議院内閣委員会）でも、カジノは『胴元側であるカジノ事業者が確率的に確実に収益を実現するように設計されたもの』だと発言しています。米国のカジノ企業が狙っている日本のカジノ計画も同じ仕組みです。日本人からお金を巻き上げ、本国の株主に還元するもので、公益性のひとかけらもありません。とんでもない〝売国法〟です」

「カジノ実施法」は、二〇一六年成立の「カジノ解禁推進法」に基づき作成されました。推進法の採決で山口那津男代表ら幹部が反対票を投じた公明党は、一転、実施法では全員賛成。自民党関係者によると、カジノ解禁には支持母体の創価学会や公明党員の中でも反発が強く、一九年の統一地方選挙や参議院選挙が近づく前に法案を通す必要があったという話です（一八年六月二三日付「赤旗」）。選挙対策で〝売国法〟に賛成するとは、公明党の政党としての姿勢を疑います。

二〇一九年二月一日、政府のカジノ推進本部は、「カジノ実施法」の政令案で制度の細目を公表しました。カジノを置く国際会議場、展示会場、ホテルの面積基準などを指定したものですが、巨大なカジノが許されそうです。政令案の意味は何でしょうか。

「複数の自治体が誘致を希望していますが、最初は三カ所といわれています。政令案が示す大規模施設を設置できるのは、大阪府・市、北海道、横浜市、東京都くらいでしょう。ほかの自治体をあきらめさせるものです。また、これほどの巨大カジノをつくれるのは米国の大手カジノ企業のみです」

「カジノ解禁を前にすすめた」のが米国のカジノ企業であり、トランプ大統領が安倍首相に持ちかけたというのも許せません。二〇一七年二月の日米首脳会談で、トランプ大統領が自分を支持する米カジノ企業の名前をあげて、日本のカジノ市場に参入させるよう安倍首相にもとめたことが明らかになっています（米国の調査報道サイト「プロパブリカ」）。トランプ氏の最大の献金者であるカジノ王ことラスベガス・サンズのアデルソン会長などカジノ企業が、日本進出を狙っているわけですね。

「トランプ大統領が自分の支援者のために日本の首相に『口利き』する。こんなことは異常な事態であり、安倍首相の説明責任がきびしく問われています」

悪法を実施させないために

聞けば聞くほどカジノ導入は危険だとわかってきますが、日本でのカジノ導入の議論はいつからなのか。『カジノ狂騒曲』（竹腰将弘、小松公生著、二〇一四年、新日本出版社）を読むと、やはり、石原元東京都知事の「お台場カジノ」構想がきっかけでした。これに財界が反応し、超党派のカジノ議員連盟が結成され、住民の強い反対を無視して、自治体はカジノ誘致に多額の税金を費やしてきました。まさに、ゾッとする話です。日本共産党のカジノへの立場はどうだったのでしょうか。

「当初から導入反対です。日本全国どの地域であれ、カジノ施設の導入・設置を認めることはできません。自治体首長などが誘致に積極的な地域では、党の地方議員が議会で誘致するなと声を上げていますし、反対運動の人たちと一緒に〝カジノより暮らし第一〟と署名宣伝活動をするなどして、世論を広げてがんばっています」

「実施法」が強行された二〇一八年七月二〇日、日本共産党国会議員団総会で志位和夫委員長は「この悪法を実施させないたたかいに、全力で取り組んでいきたい」と決意をのべました。

「自治体が国へ申請しない限り、カジノは誘致できません。自治体が国に申請するためには都道府県などの議会の議決、立地市町村の同意が必要です。どの世論調査でもカジノ反対は六割をこえています。議会で反対派を多数にすることをふくめ、地域の運動で自治体に申請を断念させることは十分可能です」

カジノ誘致を口実にした巨大開発も大問題です。神奈川では、横浜市が四九〇億円、川崎市は三〇〇億円もかけた巨大な橋をつくる計画が進行中です。二〇一九年四月の統一地方選挙にむけた日本共産党の「政策アピール」には、カジノ誘致を口実にした大型開発に反対し「カジノでなく、地域の力を生かす振興策をすすめる」ことが入っていました。税金のむだ遣いをやめさせ、議会でカジノ反対派を多数にするためにも日本共産党に大きくなってほしいです。

「食堂のおばちゃん」に「赤旗」をすすめられ

大門さんは一九五六年一月、京都市で生まれました。演劇活動に熱中して神戸大学を中退し、脚本家をめざして上京。二三歳のとき、アルバイトをしていた生活協同組合で、「食堂のおばちゃん」からすすめられた「赤旗」を読み、感動、入党しました。東京土建本部書記長、全建総連中央執行委員を経て、一九九八年に参院選（比例代表）に立候補。

二〇〇一年、繰り上げ当選。現在四期目です。雇用、中小企業対策など現場の問題を数多く国会で取り上げ、歴代総理や大臣を相手にした経済論戦には定評があります。

日本共産党の国会議員になって良かったことは何でしょうか。

「取り組んだことが具体的な形になったことです。特に、二〇一一年、東日本大震災のときの『中小企業等グループ施設等復旧整備補助事業』の制度はやりがいがありました。被災した中小事業者がどう再生するかを国会質問で取り上げ、個人財産に支援できないなどと言っている場合ではないと、特別の枠組みをつくることを求めました。私の質問を受けて、当時の中小企業庁長官が私の議員室にやって来て、二人で案を出し合い考えました」

制度ができたあとの予算の確保については、当時、民主党政権の安住淳財務大臣にかけあったそうですね。

「彼は、石巻市の出身です。『地元の水産加工業者が助かる制度だから予算を出してほしい』というと応じてくれました。その後、中小企業庁の担当者と一緒に被災地の商工会議所などを回りましたが、共産党議員が霞が関の官僚と一緒に回るなんて通常ではありえません。官僚にも困っている人たちを救わなきゃという思いがあったのだと思います」

共産党議員の質問に、官僚や大臣が素早く応じるとは想像しにくいのですが、大門さんの話を聞くとそうでもないようです。政治の動きに期待したくなってきました。

竹中大臣と激しく論戦

国会での大門さんと竹中平蔵大臣との激しい論戦も有名です。「それでも経済学者か」「それでも国会議員か」というやりとりもあったとか。二〇〇一年、大門さんが初当選した年に小泉内閣が発足。「官から民へ」「構造改革」をスローガンに、経済財政政策担当大臣に就任したのが経済学者の竹中平蔵氏でした。

「私は建設労働運動出身ですから、建設委員会かと思っていたら、財政金融委員会担当になりました。竹中さんと論戦するために、彼の本を一〇冊以上読みました。そしたら、大したことなかった（笑）。これが『構造改革』なのかと、理屈とも実感とも全然合わないとわかりました」

続 マンガ日本共産党発見!! その4
竹中平蔵大臣とは50回以上論戦しました
大門みきし参院議員→
すごかったらしいですね
構造改革なくして景気回復なし
竹中氏→
資本主義だからリストラも仕方がない
あなた本当に経済学者ですか？
大門先生は国会議員ですよね？
参議院では有名な論戦(2001年)
論戦で心がけていることは？
相手の首の皮1枚残しておくことです
2018年12月6日黒田東彦(はるひこ)日銀総裁をきびしく追及したときも…
金融緩和を…粘り強く続けて…
緊迫した空気になったので……
今日発売の私の本…もうすでに売り切れですが(笑)
カジノミクス!
黒田さんの分は取ってあるので謹呈します
中身は黒田日銀をぼろかすに批判したものですが…
カジノミクス!
ぜひ参考にしてもらいたいと思います
黒田総裁も笑っていました
「首の皮1枚」は大門さんのやさしさなのね……

竹中氏は新自由主義派の経済学者ですが、『資本論』や日本共産党の綱領にも詳しく、立場は一八〇度違っても日本共産党に一定のリスペクト（尊敬）を抱いている人だと感じたと大門さんはいいます。

「竹中さんは私に『日本の政党は自民党の改革派（新自由主義派）と共産党だけでいい』と語りました。資本主義を未来永劫（えいごう）に続くものとして全面肯定する新自由主義と、資本主義はいずれのりこえられると考えるわが党の綱領路線の対決こそ本物の対決軸だという意味です」

綱領という屋台骨があるから

このエピソードが登場する大門さんのフェイスブックの投稿（二〇一七年一二月五日）には、以下のような記述もありました。

〈資本主義システムには強欲というＤＮＡが組み込まれていて、どうしても人間の生命や尊厳まで犯してしまう。市場経済のなかで経済民主主義を発展させていけば、やがて資本主義そのものをのりこえ、人が人を搾取しない社会をつくれるのではないか。壮大な理想ですが、この綱領があるからこそ日本共産党の存在意義があります。当面の政策が的確で姿勢がぶれないのも綱領という屋台骨がしっかりしているからだとおもいます。〉

日本共産党の屋台骨である綱領には、〈現行憲法の前文をふくむ全条項をまもり、とくに平和的民主的諸条項の完全実施をめざす〉とあります。憲法第二七条一項は「すべて国民は、勤労の権利を有し、義務を負ふ」。私たちには、やりがいを持って働き、労働によって得たお金で、健康で文化的な生活を営む権利があります。カジノ導入が、人間の生きる根幹である働く権利を奪い、健康で文化的な生活を営むことを阻むのは間違いありません。

大門さんの『カジノミクス』には、日本で最初のとばく禁止令が、六八九年、持統（じとう）天皇（女性）が発布した「双六（すごろく）ばくち禁止令」だったと書かれています。一三〇〇年以上前から、とばくは禁じられてきたのです。人間が積み上げてきた歴史を受け継ぎ、カジノ導入に反対したいです。

④文学は社会変革に有効なのだ！

プロレタリア作家・小林多喜二ゆかりの東京を歩く

一九三三年二月二〇日、『蟹工船』などで知られる作家・小林多喜二（一九〇三〜三三年）が築地警察署で虐殺されました。多喜二は三一年一〇月入党の日本共産党員でもありました。二〇一五年末まで日本共産党と全く接点のなかった私は、「赤旗」を読んで「多喜二祭」って何？　なぜいまだに多喜二？　と最初はよくわかりませんでした。いまは多少理解できるようになりましたが、今回は改めて多喜二の現代的意義を学びたいと思います。

二〇一九年二月二〇日、多喜二の命日のこの日、麻布十番（港区）から築地（中央区）を回る「多喜二ウオーク」に参加しました。治安維持法犠牲者国家賠償要求同盟・中央常任理事（当時）の藤田廣登（ひろと）さんのガイドで、二〇一〇年から毎年、この日に行われています。藤田さんは、『ガイドブック　小林多喜二の東京』（二〇〇八年、学習の友社）の執筆

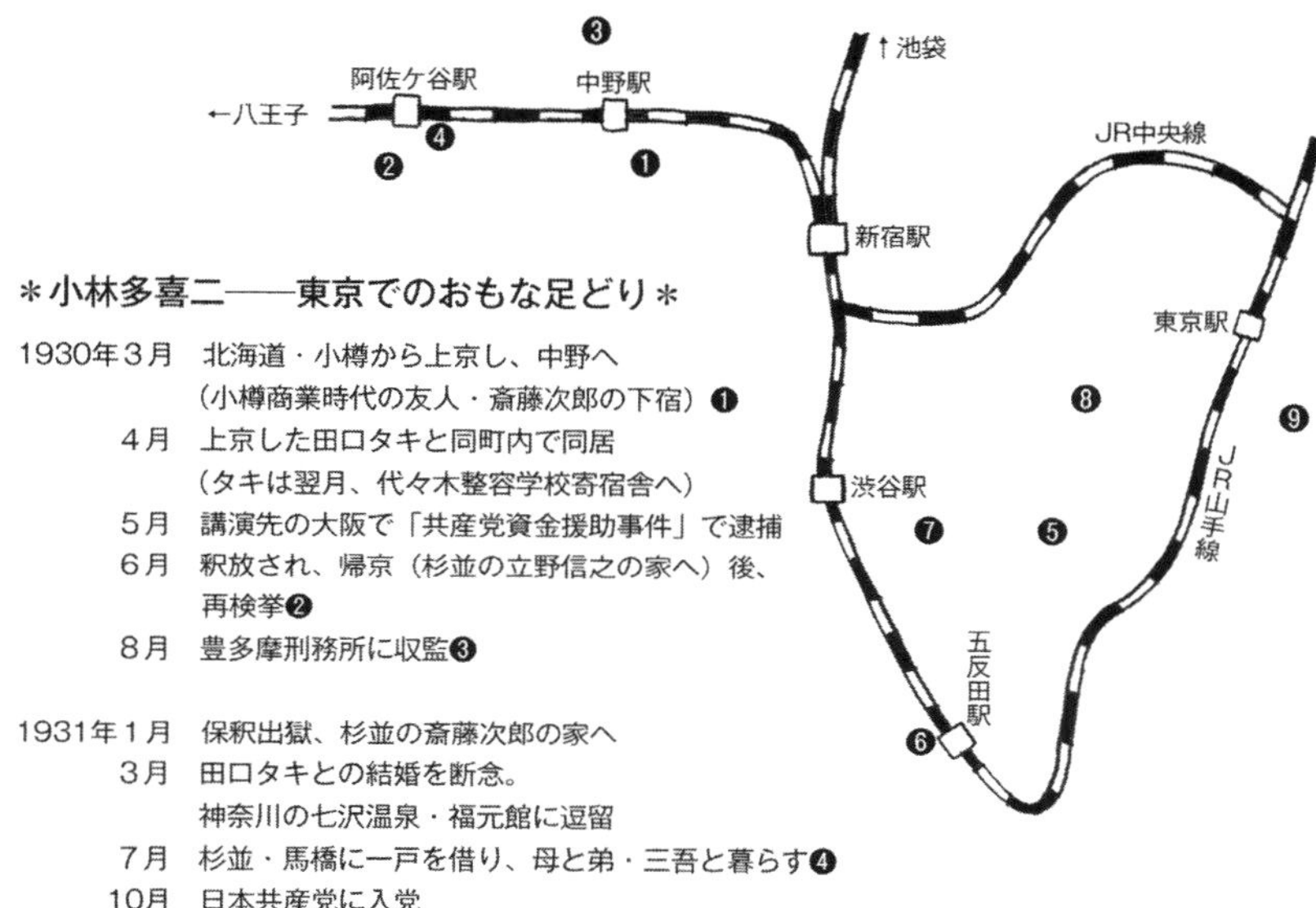
③
↑池袋
阿佐ケ谷駅
中野駅
←八王子
④
②
①
JR中央線
新宿駅
東京駅
⑧
⑨
渋谷駅
⑦
⑤
JR山手線
五反田駅
⑥

＊小林多喜二——東京でのおもな足どり＊

1930年３月　北海道・小樽から上京し、中野へ
（小樽商業時代の友人・斎藤次郎の下宿）❶
４月　上京した田口タキと同町内で同居
（タキは翌月、代々木整容学校寄宿舎へ）
５月　講演先の大阪で「共産党資金援助事件」で逮捕
６月　釈放され、帰京（杉並の立野信之の家へ）後、再検挙❷
８月　豊多摩刑務所に収監❸

1931年１月　保釈出獄、杉並の斎藤次郎の家へ
３月　田口タキとの結婚を断念。
神奈川の七沢温泉・福元館に逗留
７月　杉並・馬橋に一戸を借り、母と弟・三吾と暮らす❹
10月　日本共産党に入党

1932年３月　プロレタリア文化団体への大弾圧が始まり、馬橋の自宅を特高が捜索、非合法活動に
４月　麻布十番・称名寺境内の２階屋の１室に住む。伊藤ふじ子と結婚❺
（その後、麻布で２回転居）
８月　藤倉工業の労働者に取材した中編小説「党生活者」執筆❻

1933年１月　ふじ子が銀座の勤務先で検挙、自宅が家宅捜索を受け、渋谷・羽沢町へ転居❼
２月20日　赤坂・溜池で逮捕❽　築地署で拷問をうけ、築地医院で午後７時45分死亡❾

者の一人です。

麻布——伊藤ふじ子と住んだ街

午後一時、地下鉄麻布十番駅四番出口に集合し、多喜二と伊藤ふじ子の最初の下宿があった称名寺(しょうみょうじ)へ。現在、コンクリート造りの本堂が建つ場所に下宿はありました。

多喜二が文学運動に専念するため、北海道の小樽から上京したのは一九三〇年三月末。中野、杉並を経て、麻布十番に住んだのは、地下活動を余儀なくされた三二年四月中旬でした。特高警察による文化団体への弾圧が激しさを増す

案内は、治安維持法国賠同盟 中央常任理事の藤田廣登（ひろと）さん
2月20日、「多喜二ウオーク」に参加しました
ふじ子さんについては、澤地久枝著『完本 昭和史のおんな』（文藝春秋）が詳しい
1932年9月中旬頃、多喜二は「ヤマナカヤ」でひそかに家族と会った
弟の三吾
母のセキ
姉の佐藤チマ
チマの長女和枝（3歳）
多喜二
多喜二のためにゆで卵とバナナを持って来た
麻布十番は地下活動に入った多喜二が伊藤ふじ子と暮らした街です
首都高速
麻布十番駅
フルーツパーラー「ヤマナカヤ」（現・てもみん）
都営大江戸線
「ヤマナカヤ」で多喜二は自分の仕事と決意を家族にうちあけたんですね
暗闇坂
豆源
七面坂
一の橋
大黒坂
きみちゃん像（童謡「赤い靴」のモデル）
麻布十番
麻布十番駅
網代公園
善福寺
多喜二とふじ子は境内にあった二階屋の一室を借りていました
東京メトロ南北線
二の橋
↓目黒
仙台坂
稱名寺
入口に案内あり
称名寺
坂が多く、多喜二の第二の故郷・小樽に似てますね
担当編集者の田村浩子さん

なか、多喜二は文化運動の再建に尽力しました。

多喜二とふじ子は同居を機に結婚。ふじ子は銀座の図案社に勤務し、多喜二の地下活動を支えました。多喜二の死後、政治漫画家・森熊猛（もりくまたけし）さんと結婚したふじ子は、生前、多喜二について語ることなく八一年に死去。戦後に「多喜二忌や麻布二の橋三の橋」と詠んでいます。

二人は称名寺から二度、麻布で転居しますが、一九三三年一月上旬、ふじ子が勤め先で検挙されます。〈十月の「熱海事件*」の余波で、シンパまで洗いざらい検挙したその網にひっかかったのであり、

1933年2月20日の正午すぎ赤坂・溜池で逮捕された多喜二は、築地署で3時間余にわたって拷問を受け、午後7時45分に築地医院で絶命しました
築地署は、多喜二の活躍した昭和初年には特高警察の「名門」として知られていました
院
医學博士 前田安之助
多喜二の母・セキは、2月21日夕方、2歳の孫をネンネコで背負って築地署へ駆けつけ、説明を受けたあと、病院で変わり果てた息子と対面した
土井大助氏の詩をよむ藤田さん
多喜二よ怒りあらたによみがえれ
メトロ有楽町線
新富町駅
中央区役所
築地警察署
首都高速
築地医院
築地小劇場跡
新大橋通り
メトロ日比谷線
築地駅
築地本願寺
銀座
築地
1924
1945
築地小劇場跡
3月15日、築地小劇場で多喜二の〝革命の戦士〟としての葬儀・労農葬が行われたが、弾圧された

小林多喜二との関係は完全に秘匿(ひとく)された〉(『完本　昭和史のおんな』澤地久枝著　二〇〇三年　文藝春秋　四八一ページ)ものの、それが多喜二とふじ子の永遠の別れとなり、多喜二は渋谷区羽沢町(現・広尾)へ移動。二月二〇日、赤坂・溜池(ためいけ)で逮捕されました。

＊一九三二年、熱海での共産党全国代表者会議がスパイの手引きで全員検挙された事件。

築地——たたかいと絶命の地

麻布十番から地下鉄で築地へ。築地本願寺で休憩し、築地小劇場跡へ。多喜二は、上京直後の一九三〇年四

築地署での多喜二への拷問の様子は、手塚英孝著『小林多喜二』に詳しく書かれています
新日本出版社刊
小林多喜二
警視庁特高係長・中川成夫警部
須田巡査部長
中川はこのあと高輪警察署長、築地署長と出世し、1947年には東京滝野川区長に。戦後は、東映取締役興行部長。北区教育委員長もつとめた
山口巡査
初代警視庁特高部長の安倍源基
その後、警視総監に
戦後、A級戦犯容疑で拘置されたが、占領政策転換で釈放。新日本協議会を結成して、児玉誉士夫らとともにCIA協力メンバーと目された
多喜二死去の報は、2月21日午後3時ごろ、ラジオの臨時ニュースで行われ、死因は「心臓まひ」とされました
警視庁特高課長・毛利基警視の談話
決して拷問したことはない。あまり丈夫でない身体で必死に逃げまわるうち、心臓に急変をきたしたもので、警察の処置に落度はなかった
毛利は、共産党弾圧の実績をかわれて、安倍の下で異例の出世をとげた。そうした〝功績〟から勲五等旭日章をもらった

月、同劇場で開催されたプロレタリア劇場同盟第二回大会に、東京での活動の第一歩として出席し祝辞をのべました。多喜二の労農葬が弾圧された場所でもあります。

多喜二は築地署で拷問を受け、築地医院（現・前田医院）で絶命しました。治安維持法によって多喜二と同じように警察署で虐殺された人は九三人、刑務所・拘置所での虐待・暴行・発病などによる獄死者は四〇〇人余（二〇一五年四月現在、治安維持法国賠同盟調べ）。多くの尊い人間の命が奪われたのです。多喜二の虐殺を語り継ぐことは、多喜二のみの人生を知ることではないのだと気づきま

した。と同時に、多喜二虐殺の主犯者たちが、罪を問われず戦後も要職についていたことに腹が立ちました。

そんな特高に、家族は抗議しなかったのか。これまで疑問とされていたことですが、小樽商科大学名誉教授・荻野富士夫先生の論文「多喜二に襲いかかる治安維持法」（『民主文学』二〇一九年二月号）で、家族が弁護士に告訴の依頼をしていたことがわかりました。密室での拷問死のため、弁護団が「証拠薄弱」と判断し告訴は実現しなかったのです。

また、私のもう一つの疑問が、多喜二はなぜ虐殺されたのか。多喜二が、「一九二八年三月十五日」で特高による弾圧や拷問の実態を暴露し、特高の怒りをかったためといわれていますが、江口渙『たたかいの作家同盟記　下』（一九六八年、新日本出版社、二六三〜二六四ページ）には、特高の中川成夫警部が江口の前で「共産党は天皇制を否定する。……そんな逆賊はつかまえしだいぶち殺してもかまわないことになっているんだ。小林多喜二も捕まったが最後いのちはないものと覚悟をしていろ」と発言したとあります。最初から多喜二を殺すつもりだったとしたら、計画的な殺人であり、人として許せません。

杉並――母、弟と住んだ街

三月一一日、再び藤田さんのガイドで、阿佐ケ谷、高円寺、中野、五反田、赤坂へ。荻

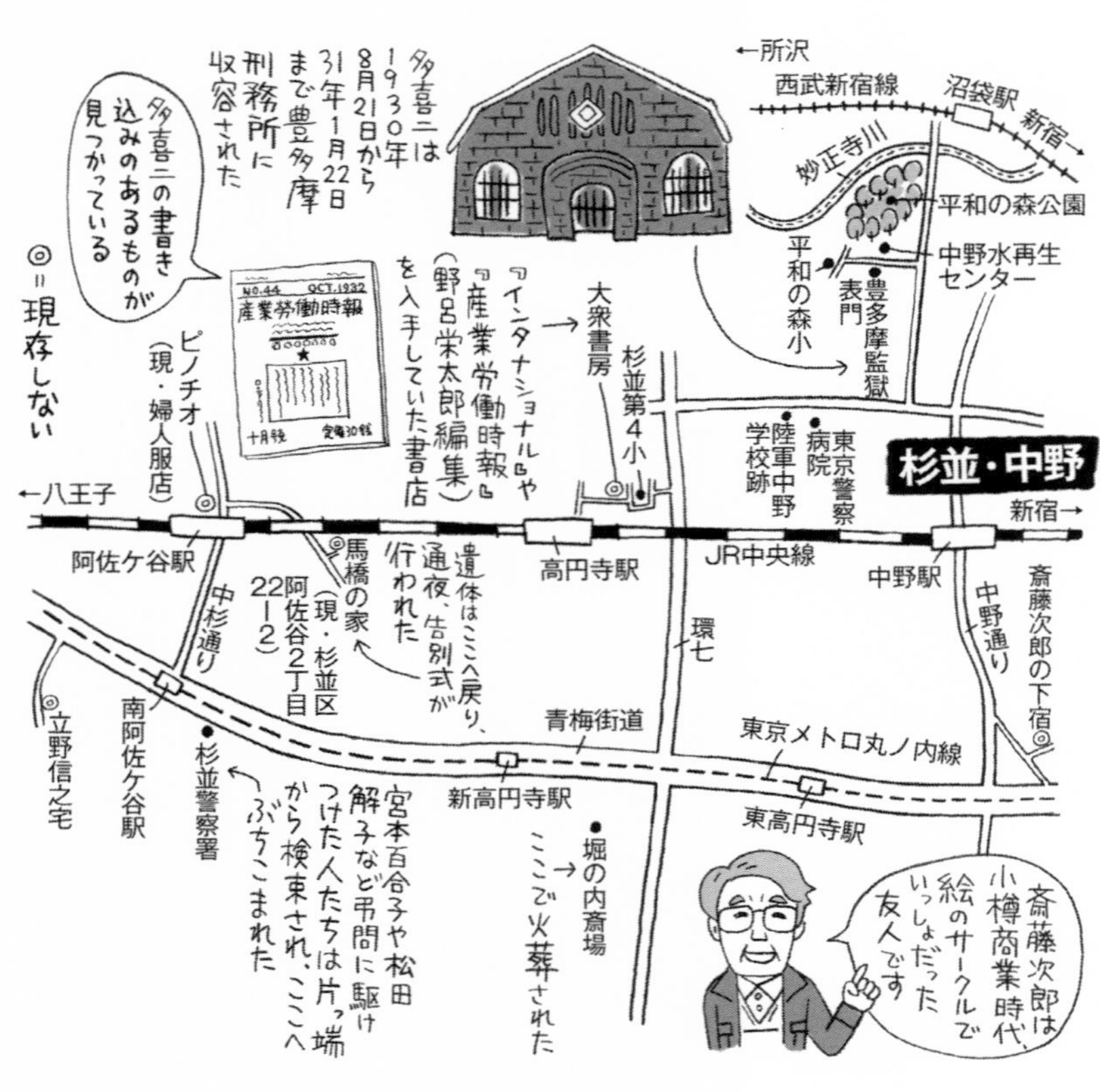
杉並・中野
←所沢
西武新宿線
沼袋駅
新宿→
妙正寺川
平和の森公園
中野水再生センター
平和の森小
表門
豊多摩監獄
多喜二は1930年8月21日から31年1月22日まで豊多摩刑務所に収容された
多喜二の書き込みのあるものが見つかっている
◎＝現存しない
NO.44 OCT.1932
産業労働時報
『インタナショナル』や『産業労働時報』(野呂栄太郎編集)を入手していた書店
大衆書房
杉並第4小
東京警察病院
陸軍中野学校跡
ピノチオ(現・婦人服店)
←八王子
新宿→
阿佐ケ谷駅
高円寺駅
JR中央線
中野駅
遺体はここへ戻り、通夜、告別式が行われた
馬橋の家(現・杉並区阿佐谷2丁目22－2)
中杉通り
環七
中野通り
斎藤次郎の下宿
青梅街道
東京メトロ丸ノ内線
立野信之宅
南阿佐ケ谷駅
杉並警察署
新高円寺駅
東高円寺駅
宮本百合子や松田解子など弔問に駆けつけた人たちは片っ端から検束され、ここへぶちこまれた
堀の内斎場
ここで火葬された
斎藤次郎は小樽商業時代、絵のサークルでいっしょだった友人です

野富士夫先生の同行という好運も得ました。

午前一〇時、JR阿佐ケ谷駅に集合し、多喜二が母、弟と住んだ馬橋(まばし)の家跡へ。現在はアパートが建っています。阿佐ケ谷駅前にあった「ピノチオ」は、界隈(かいわい)に住む作家たちが通った「支那料理店」。井伏鱒二が店で会った多喜二について、〈もの静かで温厚誠実な男のやうであつた〉(『荻窪風土記』一九八七年、新潮文庫、一八四ページ)と書いています。

高円寺にあった「大衆書房」は、映画「母(かあ)べえ」(山田洋次監督)の野上滋のモデル、ドイツ文学者の野上巌(いわお)が営んでいた書店です。多喜二

3月11日のフィールドワークを共にした、小樽商科大学名誉教授・荻野富士夫さん
へぇー
多喜二は獄中からたくさんの手紙を書いています
…と聞いて、荻野先生編のこの本を読みました
小林多喜二の手紙
岩波文庫
※佐野英彦さん（本文参照）のスケッチを参考にしています
多喜二が収容された当時の豊多摩刑務所は、こんな感じ
「独房」によると多喜二が入れられたのは南房19号室です
南房19号室
表門
その手前の扇形のものが「独房」にも登場する運動場です
多喜二の死は、豊多摩刑務所につながれていた同志たちには、小林セキ名での花の差し入れや面会人が手帳への走り書きを見せる方法などで知らされた
壺井繁治
壺井栄
コバヤシコロサレタ
←「独房」連載時の朝野方夫のさし絵はこんな感じ

がここで購入したと思われる『産業労働時報』三冊は、伊藤ふじ子の遺品の中から発見されています（一九九八年四月一九日付「赤旗」）。

中野――刑務所体験を「独房」に

高円寺からは、途中で昼食をとり豊多摩（とよたま）監獄表門まで歩きました。豊多摩監獄は一九一五年完成。二一年に同刑務所に改称。多喜二は、三〇年八月二一日から翌年一月二二日まで収監されました。刑務所での体験を書いたのが「独房」です。多喜二のひょうきんな面が垣間見える「独房」は、私の好きな作品です。

二〇一八年一二月、中野区は、豊多摩監獄表門の保存を決定しました。保存を求める住民や専門家の要請に応えたものですが、日本建築学会関東支部はその建築的価値として、〈精巧にして高度な煉瓦技術〉〈気鋭の天才と謳われた後藤慶二による、現存する唯一の作品である〉ことなどを挙げています。

五反田――「党生活者」のモデル工場

西武新宿線の沼袋駅から電車で五反田へ。「党生活者」に登場する倉田工業のモデル、藤倉工業（現・株式会社フジクラ）があった場所を訪ねました。

電線をつくっていた藤倉工業は、中国大陸への侵略が進むとともに、航空機用パラシュートや防毒ガスマスクの製造を始めます。〈二百人の本工のところへ六百人もの臨時工を取る〉（「党生活者」）ようになり、労働者に低賃金、長時間労働を強制しました。そして、仕事が一段落すると臨時工の大量首切り。多喜二は藤倉工業の労働者たちに取材して「党生活者」を書きましたが、現代の労働実態とそっくりで驚きます。

赤坂――特高に逮捕された通り

藤倉工業は「党生活者」の倉田工業のモデルです
藤倉工業があった場所
NTTコムウェア
ポーラ
五反田ブリックビル（旧藤倉ビル）
学研ホールディングス
都営浅草線
五反田駅
桜田通り
JR山手線
目黒川
←渋谷
品川→
多喜二は、軍需工場の労働者に取材して、共産党組織の不屈のたたかいを書きました
転換時代
小林多喜二
「党生活者」は、『中央公論』1933年4、5月号に題名を変えて掲載された
五反田・赤坂
東京メトロ千代田線
外堀通り
総理官邸
山王パークタワー
赤坂駅
溜池山王駅
首都高速
国際赤坂ビル
田町通り
佛願寺
りそな銀行
東京メトロ銀座線
六本木通り
東京メトロ南北線
↓六本木
特高の追跡を逃れて多喜二が疾走した通り
1933年2月20日逮捕されたときの服装
ネズミ色のソフト帽
大島銘仙の着物
変装用のロイドめがね
二重廻し

五反田からは地下鉄で溜池山王駅へ。手塚英孝著『小林多喜二』（二〇〇八年、新日本出版社、二四七～二四八ページ）によると、二月二〇日、多喜二は今村恒夫（詩人）とともにスパイの手引きで、〈古びた芸者置屋が軒をならべていた〉赤坂の路地にある飲食店に向かいます。そこに特高が張り込んでいました。〈溜池の電車通りまで二百メートル以上の距離があった〉地点から〈電車通りをめがけて走った〉今村と多喜二は、〈溜池の電車通りまでのがれ出た〉ところでつかまります。電車通りとは現在の六本木通りで、当時は東京市電（のちの都電）が走

っていました。

二年前、ジャーナリストの松木研介さんが、多喜二が疾走した通りの名前を港区や地元商店街振興会に問い合わせました。「ありません」との返答に松木さんは小論「私の『多喜二通り』」に、〈ひそかに『多喜二通り』と名付けたい。必死で走った多喜二らへの敬意と、彼らを抹殺した権力・特高への憤りを忘れないために〉と書いています。「多喜二通り」命名案に私も賛成です。

「多喜二祭」に参加

二〇一九年三月三日、高円寺で開催された「第三一回　杉並・中野・渋谷　多喜二祭」に参加しました。

売店ブースでは、五九ページで参考にした佐野英彦さん（一九二六～二〇〇一年）の豊多摩刑務所のスケッチを発見。南房二階や独房の内部、刑務所の食事などが達者な筆使いで描かれていてビックリ！　一九九八年から開催されている「八王子平和を愛する文化祭」（主催＝実行委員会）での展示用に佐野さんが描いたもの。佐野さんは、戦前、労働運動に参加し治安維持法違反で検挙、多喜二と同時期に豊多摩刑務所に投獄されました。六八年、治安維持法国賠同盟結成に参加、日本共産党八王子後援会長などをつとめた人です。

軍政下の韓国で読まれていた

資料を読む中で驚いたのは、一九八七年、軍事政権下の韓国で、多喜二の作品が出版されていたことです。釜山（プサン）にあるチングという出版社が、「蟹工船」「一九二八年三月十五日」「党生活者」のハングル版を『蟹工船』と題して刊行。韓国で翻訳者と出版社社長に会った茶谷十六（ちゃだにじゅうろく）氏（秋田県歴史教育者協議会会長）は、〈もっとも感銘深かったのは『党生活者』であった。民主化運動に携わる自分たちの姿とそのまま重なったからだ。この作品を多くの仲間に読んでほしい〉との思いで本が刊行されたと書いています（二〇〇七年九月一九日付「赤旗」）。韓国現代史上、最大規模の反独裁民主化運動をたたかった人たちが、文学作品を読む必要に気づかされ、多喜二の小説を発見したのはすごいことだと思いました。

二〇一二年には、韓国の出版社・理論と実践社からハングル版『小林多喜二選集』（全三巻）の第一巻（「蟹工船」「防雪林」「一九二八年三月十五日」の三作品を収録）が刊行されています。

没後86年 第31回多喜二祭
杉並・中野・渋谷
2019年3月3日　座・高円寺2
杉並・中野・渋谷多喜二祭実行委員会事務局長の高木典男さん
多喜二のたたかいを語りつぎましょう
『遠き旅路』などで知られる作家の能島龍三さん
今こそプロレタリア文学を！
多喜二の29年の人生を写真でたどるスライドショー。ナレーションは、俳優の青山憲さん
それもう一度立たねか…みんなのためもう一度立たねか
母セキさんの言葉
ピアノ演奏は、桐朋学園大学教授の村上弦一郎さん
うっとりしました
記念講演は、三重大学教授・尾西康充さんの「小林多喜二と共闘の時代―トランプ現象を乗り越えて」
多喜二が1930年に書いた「工場細胞」は、20世紀の問題をいち早く取り上げていました
ミニ講演は、前衆院議員の池内さおりさん「多喜二から受け継いだたたかいのバトン」
連帯のあいさつを行った吉良よし子参院議員
第1回の報告集。表紙の写真は、1933年2月21日夜、多喜二の遺体を囲む作家同盟の人たち
第1回多喜二祭
小林多喜二虐殺追悼・決起集会
1989年2月18日 阿佐ヶ谷地域区民センター
多喜二祭実行委員会 刊

優れた実践家だった多喜二

フィールドワーク終了後、藤田廣登さんに話を聞きました。藤田さんは、一九三四年、長野県諏訪郡生まれ。岡谷工業高校卒業後、就職した会社で組合活動に参加。一九六〇年入党。七〇年から従事した労働者教育協会発行『学習の友』編集作業のなかで多喜二の作品と出合います。八〇年代の「労働戦線統一問題」を巡る激しい論戦のなかでは、小樽を舞台にした長編小説「転形期の人々」の旗塚のセリフ*がひびき合い、多喜二の先駆的文章を身近に感じ取れたといいます。

＊「今俺だちがたッた一歩左へ寄るか、右に脱け落ちるかでこれから五年も十年もの間、小樽の労働運動に汚い伝統を与えるか、『南葛魂（なんかつ）』に負けない輝やかしい伝統を与えるか、そのどっちでも与えることの出来るケジメに立っているんだ」（『小林多喜二全集』新日本出版社、一九九二年、第四巻、二一五ページ）

「多喜二は小説を書いて殺されました。同時に、多喜二が優れた反戦・人民運動の実践家だった影響力を恐れて抹殺されたのだと思います。多喜二の小説が、運動の実践的指針となりうる根拠や視点を示唆していたからです」（藤田さん）

プロレタリア文学の力

私の「赤旗」切り抜き帳に、日曜版二〇一六年九月一八日号の「米国で『日本プロレタリア文学選集』出版」の記事が保管されています。同記事で、ノーマ・フィールド・シカゴ大学名誉教授は以下のように話しています。弾圧にさらされたプロレタリア文学の書き手たちは、〈身の危険だけでなく、伏字や削除によって、肝心の言葉すら読者に届かない場合もあるのに、なぜ作品を書き続けたのか。彼ら彼女らは、文学だけで社会変革ができると思っていませんでしたが、同時に、文学抜きで可能だとも思っていませんでした。〉

小林多喜二や宮本百合子を代表とするプロレタリア文学はすでに廃(すた)れたものだと思っていましたが、プロレタリア文学が米国の大学生に「新鮮な刺激」を与えているという事実に驚きました。

フィールドワークに参加して、小林多喜二が本当にいたんだという実感を得ました。社会変革への強い意志をこめた文学は人間を実際の活動へと動かすのだとわかりました。安倍政権が改憲や戦前回帰の軍拡をもくろむ現在、日本共産党とともに多喜二文学が大きな力を発揮できることを発見しました。

⑤共に考えよう！　国民主権と天皇の制度

政策委員会の小松公生さんにインタビュー

二〇一九年五月一日、新天皇が即位し「令和」に改元されました。私は長年、日本で男女不平等などの差別がなくならないのは天皇がいるからではないかと考えていました。元号も世界史的視点を持てず不便なので使いません。だから天皇制には反対です。戦前のたたかいからして日本共産党もそうだろうと思っていました。ところが、共産党を「発見」した二〇一六年、天皇制反対、天皇制廃止を掲げていないと知り驚きました。今回の天皇「代替わり」では、共産党の対応にメディアの注目も集まりましたが、私のように誤解したままの人も多いのではないでしょうか。

二〇一九年六月四日付「赤旗」には「天皇の制度と日本共産党の立場」と題する志位和夫委員長のインタビューが掲載されました。このインタビューの内容も手がかりに、日本共産党が天皇のあり方についてどう考えているか、政策委員会の小松公生（きみお）さん（63）に話を聞きました。

政策委員会の小松公生さんに聞きました

改元や新天皇即位をめぐる〝お祭り騒ぎ〟をどう見ましたか。

「四月一日の昼前、菅義偉(すがよしひで)官房長官が新元号を発表した直後、安倍首相も記者会見に登場、それをテレビの地上波各局が大々的に中継し、夜まで令和キャンペーンが行われました。直後の共同通信の世論調査では、内閣支持率が三月よりも九・五ポイントもアップしました」

欧米メディアは、「令和」が日本の古典から初めて引用されたことを、「保守的な安倍晋三政権の国粋主義的傾向と結びついていると思われる」（英「デーリー・テレグラフ」四月一日付）などと報じました。天皇「代替わり」でメディアをフル活用する安倍首相の狙いは何でしょうか。

「政権の浮揚と改憲キャンペーンへの利用でしょう。首相は令和への改元を、臆面もなく『働き方改革』や『一億総活躍』など政権の施策と一体であるかのように強調しました。五月三日の改憲派の集会へのビデオメッセージでは、『憲法は国の理想を語るものであり、次の時代への道しるべ』だとし、『令和元年という新たな時代のスタートラインに立って……この国の未来像について真正面から議論を行うべき……』とのべています」

連休中の五月四日には新天皇お披露目の一般参賀が行われました。一月二日の明仁天皇最後の一般参賀には、過去最高の約一五万五千人がつめかけ、それに次ぐ約一四万人が集まったと知りビックリしました。

「宮内庁は当初、一〇月の『即位礼正殿の儀』の後に一般参賀を行う計画でした。首相官邸が連休中にやるよう押し切ったと報じられています。夏の参院選をにらんで、代替わりを成功させたという印象を国民に植え付けたいんじゃないですかね」

あれほど多くの人が天皇に熱狂するとは不可解です。『前衛』二〇一九年五月号で山田朗・明治大学教授が〈天皇制による「心の支配」の問題〉に触れていますが、「心の支配」がまだ残るなかで、「代替わり」の儀式が安倍政権による〝新たな時代〟の雰囲気づくりに利用されているように思います。

「国の主人公・主権者は国民」

「志位委員長は今回のインタビューで、現在の天皇の制度を考える基本中の基本は『日本の国の主人公・主権者は国民』という点にあると強調していますが、ここが国民と天皇の関係を考える一番のポイントだと思います。戦前、天皇は統治権の全体をにぎる〝絶対君主〟でしたが、戦後は、主権者である国民の全面的なコントロールのもとに置かれることになったのですから」

改元時の記者会見で、「『令和』の時代に何を期待するか」という記者の質問に志位委員長が「私たちは、天皇の在位、あるいは元号によって時代を区分するという考え方に立っていない」と答えていました。

「元号の問題も、主権者としての立場から主体的・能動的に考える必要があると思います。志位インタビューでは、改元によって社会や時代が変化するかのような議論は『幻想・錯覚』であって、『時代を変え、社会を変えるのは、主権者である国民の世論であり、国民のたたかい』だと指摘しています」

二〇一七年四月一日付から「赤旗」が元号併記になったのはちょっと意外でした。元号使用は日本だけですし、元号は廃止でいい気がします。

『赤旗』の元号併記は、慣習的に元号を使用する人の便宜をはかってのことです。この問題で大事なことは、国民が元号の使用を強制されず、西暦か元号か、自由闊達（かったつ）に選択できる条件をつくることではないでしょうか。私も個人的には廃止してもまったくかまいません。国民も日常的に使うのは、西暦派が多数です。しかし、元号そのものは、少なくない国民が慣習的に使用している。そのことを考えれば、いますぐ廃止の運動をおこさなければいけないような状況にはないと思います」

天皇の政治利用は「許されざること」

今回の天皇「代替わり」に関する最大の問題点は何でしょうか。

「二つあると思います。第一は、『代替わり』の儀式が、主権在民と政教分離という憲法原則に反して強行されていること。第二は、安倍内閣による天皇の政治利用です。二つと

天皇の歴史を学ぶ
天皇代替わりのあかしとされる「三種の神器」って何ですか？
党政策委員会
小松公生さん（愛犬家）
アマテラスオオミカミが孫のニニギノミコトに授けた鏡・マガ玉・剣のことです
つるぎ
ご本人の希望でこういう絵に
初代の神武天皇は実在してたんですか？
ニニギノミコトのひ孫の…
神話上の人物です。実在していません
歴史上に天皇が登場するのは7世紀です
9代までは実在しないというのが定説です
ねつぞう
捏造!!
グッ
初代 神武
2代 綏靖
3代 安寧
4代 懿徳
5代 孝昭
6代 孝安
7代 孝霊
8代 孝元
9代 開化
10代 崇神
11代 垂仁
12代 景行
13代 成務
14代 仲哀
15代 応神
16代 仁徳
女性天皇は10代8人いました
聖徳太子が摂政をつとめたといわれる推古天皇とか
へぇ〜
江戸時代はほとんどの人が天皇を知らなかったんですが…
明治維新で天皇の役割は大きく変わりました
「一世一元」の制度も明治維新でつくったものです
天皇に明治改元を宣言させて一人の天皇に一つの元号にしよう
岩倉具視
明治以前は生前退位した天皇もいたんですが…
血で血を洗う抗争の歴史があったので
亡くなるまでやってもらおう
と定めました
井上毅
伊藤博文
つづく

も政権の責任に属することですが、憲法で国民主権に基づく『国民統合の象徴』とされている天皇を政治利用することは許されません」

五月一四日には、安倍首相が天皇に国政報告をする内奏の写真が即日公表されました。即日の公表は異例であることから、野党各党は「天皇の政治利用だ」と一斉に批判。日本共産党の穀田恵二国会対策委員長は同一五日の記者会見で「許されざることだ」とのべています。

「内奏の写真を公開したのは、安倍政権が初めてです。明仁天皇のとき、二〇一三年一〇月に撮った写真

1882年には軍人勅諭が出され、
私がお前たちの大元帥だ
明治天皇
上官の命令は天皇の命令だから絶対服従という軍隊の規律ができました
1890年には教育勅語が出され、
国民は天皇の家来になったので、戦争のときには天皇のために命を捨てよと教えこまれました
1889年発布の大日本帝国憲法の第1条は…
大日本帝国ハ万世一系ノ天皇コレヲ統治ス
万世一系って?
神武天皇から1本の糸のようにずっと続いている…という意味です
井上毅
男系・男子でつながってるから「万世一系」なのだ
として女系も認めないことにしました
学校では歴代の天皇を暗しょうさせるなどして〝天皇は神〟と思いこませました
ジンム、スイゼイ、アンネイ、イトク、コウショウ…
こうした天皇絶対の政治のもと、侵略戦争にのりだして多くの犠牲者を出しました
戦争はダメだよねー
1945年の敗戦と日本国憲法の制定によってそれまでの政治や思想は改められ、天皇主権は国民主権に変わり、天皇は「象徴」になりました
もう二度と天皇中心の国に戻りたくないっ!!

を、天皇誕生日の一二月に公開しました。今回が二回目です。安倍政権が天皇を政治利用していることを露骨に示していると思います」

新天皇の即位は、明仁天皇が、皇室典範特例法に基づき生前退位したことによるものです。明仁氏が生前退位の意向を示しているとNHKが報じたのは二〇一六年七月。八月八日には、明仁氏のビデオメッセージが公表されました。生前退位についてどう思いますか。

「〝老いてしまったのでやれません〟というのは、人間として自然なことです。生前退位と違いますが、

ある憲法学者は、現在の象徴天皇制のもとでも、天皇の身分から離脱する自由があってもいいのではないか、と問題提起しています」

奥平康弘さんの『「萬世一系」の研究』（二〇〇五年、岩波書店）ですね。私も読みました。「萬世一系」とは、明治憲法第一条〈大日本帝国ハ萬世一系ノ天皇之ヲ統治ス〉に端を発し、天皇の統治は天照大神から一本の糸でつながっているから自然なのだとするもの。国民は明治以降に学校や軍隊、メディアを通じ徹底的に刷り込まれました。この「萬世一系」をふりかざして、明治国家以降の社会支配層が、天皇制という制度をどんなふうに利用したかを考察している興味深い本でした。

基本的人権、個人の尊厳に照らして問題がある

明仁天皇一代に限り退位を認めるという特例法は、二〇一七年六月に全会一致（自由党は退席）で可決、成立しました。日本共産党が賛成した理由を教えてください。

「大きくいって二つの側面がありました。一つ目は、制定前に衆参両院議長が、国会を構成する全党会派の意見を求める機会をつくったことです。退位の問題を党派的な争いに

せず、各党の合意で取りまとめようとする積極的な取り組みでした。二つ目は、死ぬまで一人の人間が天皇の仕事を続けるというのは、憲法原則である基本的人権、個人の尊厳という点で問題があるということです」

国民的な議論を尽くした儀式に

天皇の生前退位が認められたことによって、天皇の「代替わり」が二〇一九年に行われることが決まりました。政府の基本方針は、「①憲法の趣旨に沿い皇室の伝統等を尊重する②平成の代替わりの式典は現行憲法下において十分な検討が行われたので基本的な考え方や内容は踏襲される」。これをふまえ、二〇一八年三月二二日、日本共産党中央委員会は、「天皇の『代替わり』にともなう儀式に関する申し入れ」を行いました。「申し入れ」のポイントを教えてください。

「『平成の代替わり』は〝天皇は神〟とされた明治憲法下の儀式をそのまま踏襲したものでした。『申し入れ』では、そのことを批判し、同じようなことをくり返すべきではないと指摘しています。問題にしたのは、三つの国事行為（「剣璽等承継の儀」「即位後朝見の儀」「即位礼正殿の儀」）と、公的性格をもつ大嘗祭です。それらが、憲法の国民主権、政教分離の原則に反するものであることを明らかにしています。その上で、国会内での議論はもちろん、どういう儀式が適切か、国民的な議論を尽くした上で決めるべきだと主張しています」

「剣璽等承継の儀」では、「三種の神器」を恭しく掲げる職員の様子が異様でした。

「神話起源の『三種の神器』の承継をもって天皇即位のあかしとするのは、憲法原則に反します。国事行為として行うことは、憲法の国民主権・政教分離の原則と両立しません。天皇家の私的行為として行うのは問題ないと思いますが」

即位の礼は、一〇月の「即位礼正殿の儀」（国事行為）、一一月の大嘗祭まで続きます。

「前回の『即位礼正殿の儀』は、神によって天皇の地位が与えられたことを示す『高御座』から天皇が言葉をのべ、その下から内閣総理大臣が祝いの言葉をのべて万歳三唱が行われました。今回も同様のことが行われます」

宗教学者で上智大学特任教授の島薗進さんは、「赤旗」のインタビュー（一九年五月一日付）に答えて、一一月の大嘗祭は、「新穀を天照大神にささげ、天皇が神と共に食するという……明確な神道儀式」だとのべています。さすがの安倍政権も国事行為にはできないものの、「公的性格がある」として二七億円もの公費（宮廷費）をつぎ込むといいます。これはどうかと思います。

「大嘗祭が大規模な『代替わり』儀式になったのは大正期からです。前回も公費を出したので事実上の国家的行事です。皇室の私費で行うべきだと思います」

十分な検討のなかった「平成の代替わり」

今回の儀式について政府が踏襲するとした「平成の代替わり」儀式は十分な検討があったのでしょうか。

「昭和天皇が亡くなったのが一九八九年一月七日の朝六時三三分。『剣璽等承継の儀』の挙行は一〇時です。数時間で、バタバタと閣議決定をして、儀式を行ったわけです。十分な検討が行われたとは、とうてい言えません」

昭和天皇の容態が急変した一九八八年九月一九日から、死去した翌八九年一月七日までに、国会の議論はどうだったのでしょうか。

「日本共産党の議員が、『代替わり』の儀式について事前説明を求めましたが、政府は『ひたすら回復を祈っている段階』などとして答弁を拒否しました。二月の『剣璽等承継の儀』などの挙行後の質問には、『憲法上何ら問題ない』と開きなおったので、あきれかえりました」

自民党の憲法無視ぶりは年季が入っていますね。今回も政府は、儀式のあり方について、一部の有識者会議のみで、国民的な議論によらず一方的に閣議決定しました。

「憲法上、議論がある問題だという意識はあるのだと思います。『天皇の公務の負担軽減等に関する有識者会議』は全四回に出席したヒアリング対象者二〇人のうち七人が『日本会議』[*]やそれに近いメンバーです。国民的な議論といえるものではなくお粗末だと思います」

＊「日本会議」は、一九九七年設立の団体。「美しい日本の再建と誇りある国づくり」を掲げ、憲法改正、有事法制の整備、夫婦別姓法案への反対などを主張している。

同有識者会議の議事録によると、ジャーナリストの櫻井よし子氏が「天皇様は何をなさらずともいてくださるだけでありがたい存在」とのべるなど時代錯誤な意見が並んでいて、あぜんとしました。

「申し入れ」への反応はどうでしたか。

「一定の学者・研究者に、『申し入れ』を送りましたが、共産党の立場とは相いれないのではと思うような方からも反応があり、憲法の原則にそってやるべきだということは、大方の人に支持されたと思いました」

『前衛』二〇一八年一一月号では、日本長老教会西武柳沢(やぎさわ)キリスト教会牧師・星出卓也(ほしでたくや)さんが、共産党の「申し入れ」がなければ、〈日本国民全体が政教分離原則を骨抜きにしてもいいと認めたことになってしま〉うところだったとのべていました。重要な意味のある「申し入れ」だったことを理解できました。

天皇の制度に対する共産党の立場は？

ところで、五月九日の衆議院本会議での「賀詞」（祝意を示す言葉）決議に共産党が賛成したことは話題になりました。

「現在の綱領では〈現行憲法の前文をふくむ全条項をまもり、とくに平和的民主的諸条項の完全実施をめざす〉としています。天皇の制度は憲法上の制度ですから、反対ではありません」

平成の新天皇即位での賀詞決議（一九九〇年一一月）には反対しました。

「平成の賀詞に反対した理由の一つは、昭和天皇の言動を評価した結果のことです。昭和天皇は、戦後の憲法によって象徴に変わったとはいえ、同じ一人の天皇ですから、自らは明治憲法下と新憲法下とで明確な線引きができず、憲法に反する政治的言動をくり返してきました。そのような天皇のあり方が続くのは国民主権に反するとして反対したわけです。しかし、明仁天皇に替わったもとで、『国政に関する権能を有しない』象徴天皇制と国民主権は両立しうるということで、賛成しました」

綱領から「君主制の廃止」を削除したということも関係ありますか。

「それが主要な理由です。以前の綱領では天皇制について『ブルジョア君主制の一種』としたうえで、『君主制の廃止』をかかげていました。しかし、天皇は憲法上、『国政に関する権能』をいっさいもっていません。その点では、いまの天皇はどんな側面からみても『君主』とはいえないのです。しかも、この天皇の制度は、社会進歩の事業にとって、戦前のような障害にはなりえないのです。それらのことを検討した結果、〇四年の綱領改定で『君主制の廃止』の言葉を削除し、憲法の全条項をまもる立場から、天皇の制度と共存できることを明らかにしました」

その一方で、綱領では、現在の天皇の制度は、〈民主主義および人間の平等の原則と両立するものではなく、国民主権の原則の首尾一貫した展開のためには、民主共和制の政治体制の実現をはかるべきだとの立場に立つ〉と明記しています。

「天皇の制度に対する私たちの立場はそうですが、それを積極的にいまの政治的課題とはしないということです。憲法上の制度である以上、〈その存廃は、将来、情勢が熟したときに、国民の総意によって解決されるべきものである〉と綱領ではのべています。『国民の総意』で決めるというのは、民主主義の原則です」

天皇問題をタブーとせず、私たち一人ひとりが天皇の制度をどうしていきたいかを考え、話し合っていくことが大事なのですね。

憲法の制限規定を厳格に実施し逸脱を是正する

今後の天皇のあり方について、ポイントは何でしょうか。

「天皇の政治利用は絶対許されず、憲法の制限規定を厳格に実施し、憲法の条項と精神からの逸脱を是正することです。同時に、現行の『皇室典範』にかかわっては憲法との矛盾点が残されています。憲法の条項と精神に適合させていくための改正が提起された場合は賛成します」

天皇の政治利用問題では、二〇一三年四月二八日に安倍政権が政府主催で「主権回復の日・国際社会復帰を記念する式典」を、天皇皇后出席のもと、強行したことがありました。日本共産党は不参加でした。

「サンフランシスコ講和条約が発効した四月二八日は、こんにちまで続く日本の対米従属が固定化された日となりました。沖縄では、本土と切り離された『屈辱の日』と呼ばれています。抗議行動も行われています。そういう式典に天皇を出席させるのは最悪の政治利用です」

前沖縄県知事の故・翁長雄志さんも、同式典について「沖縄にとっては悲しい、やるせない式典でした。まったく別々の人生を歩んできたような気がします」（二〇一五年一二月二日、福岡高裁那覇支部で開かれた辺野古代執行訴訟の第一回口頭弁論）とのべていました。沖縄の人たちの心を踏みにじる式典だったことがわかります。天皇自身も参加したことに不満をもらしたと報じられました（二〇一七年六月一一日付東京新聞）。これが事実だとしたら、なんだかかわいそうな気がします。

女性・女系天皇の問題はどう考えますか。

「先ほど、天皇の制度を『憲法の条項と精神に適合させていく』と言いましたが、志位インタビューではこの問題について次のように指摘しています。――『日本国民統合の象徴』という憲法の規定は、さまざまな性、さまざまな思想、さまざまな民族など、多様な人々によって、まとまりをなしている日本国民を、天皇があくまで受動的に象徴すると理解されるべきだと考えます。そのように『象徴』が理解されるならば、多様な性をもつ人々によって構成されている日本国民の統合の『象徴』である天皇を、男性に限定する合理的理由はどこにもないはずです――」

志位委員長は、そのあとに次のようにのべていますね。「『日本国民統合の象徴』の地位にある天皇を男性に限定しているという現状をただすことは、国民のなかでの両性の平等、ジェンダー平等を発展させるうえでも意義ある改革になるのではないか」。ジェンダー平等社会を求める声が大きくなっている現状に即した考え方で共感できました。

天皇のあり方について共に考えていけるパートナー

今回、小松さんに話を聞いて、国民主権を原則とする現憲法下での象徴天皇制は、女性差別の問題など日本が抱えるさまざまな問題を解決するために、即廃止しなければならないような障害ではないのだということがわかりました。一九四五年の敗戦、日本国憲法の制定によって、天皇は憲法のなかの制度に変わりました。その時こそ、日本の「新時代の幕開け」だったのです。日本共産党は、戦前、国民主権、戦争反対を掲げてたたかった唯一の政党です。「新時代の幕開け」を命をかけて準備してくれた政党なのです。「新時代」を歩む途上の私たちにとって、日本共産党は未来に向けた天皇のあり方について共に考えていけるパートナーであることを発見しました。

⑥戦争協力の反省を終生忘れず

共産党員映画監督・今井正

二〇一九年五月二〇日、映画「キクとイサム」六〇年祭記念公演（東京都内）に行きました。黒人米兵と日本人女性との間に生まれた姉弟の物語「キクとイサム」は、日本共産党員でもあった今井正監督の代表作です。私はもともと日本映画が好きで幅広く見ていたのですが、今井監督や山本薩夫監督に興味を持ったのは共産党を「発見」してから。以前は〝根暗〟な映画だと決めつけ敬遠していましたが、実際、見たら、根本は明るい映画で驚きました。二回にわたって、二人の党員監督をテーマにします。今回は今井正監督です。

曲がったことは大嫌い

今井正監督は、一九一二年、東京生まれ。旧制高校一年生から非合法の学生運動に参加。

停学処分を受けるも運動はやめず、三三年、東京帝国大学へ進学。四回目の検挙で「転向」手記を書き、大学を退学。高校で自分が誘った仲間がほとんど退学させられたのに、〈自分だけ高校を卒業して、大学に入って、そこをまた卒業して……なんて、とても考えられませんでしたよ〉(『今井正の映画人生』一九九二年、新日本出版社)。「曲がったことは大嫌い」な今井監督の同志思いに心打たれました。

今井監督は大学中退後、のちに東宝に合併される京都JOスタジオに入社。戦前、戦争協力映画もつくりましたが、敗戦五年後、雑誌の手記で〈私の犯した誤りの中で最も大きい誤りであったと深く恥じている〉と反省しています。自身の体験から得た反戦平和への強い思いが決意させたのでしょう。一九四七年、日本共産党に入党します。

戦後民主主義映画の代表作とされる「青い山脈」を撮影後、自分が撮りたい映画をつくるため、一九四九年、東宝を退社。フリー第一号に。レッドパージによって映画会社で映画が撮れなくなると、生活のために「くず屋の立て場」(くず屋のくずを買い取る問屋)を始めますが、その鉄くずが朝鮮戦争用の大砲になると知って廃業します。

独立プロ運動に参加

一九五〇年には、東宝争議*やレッドパージで映画会社から追放された人々が、独立プロ

今井正物語
今井正は1912年1月8日東京で生まれた
オギャ
生後すぐに右耳の聴覚を失うがスクスクと成長した
映画が好きで中学時代にはチャプリンに英文でファンレターを出したこともある
中学3年の秋
なあ正
卒業したら京都の寺で修行して あとをついでくれよ
↑父は寺の住職
寺なんかつがないよ
腐敗堕落してるじゃないかっ
な…
何を言うかーっ
正あやまりなさいっ
坊ちゃんあやまってください
1929年正は旧制水戸高校（現茨城大学）へ入学した
父と少し離れよう
お…
先輩
マルクス十二講
もっと面白い本を貸してやるよ
小林多喜二の「蟹工船」は面白いぞ
旗戦
その先輩に誘われて非合法の学生運動に参加。3回検挙された
1年間停学で4年間の高校生活でした
1933年2月小林多喜二が特高警察の拷問により殺された
大衆の友
2カ月後正は東京帝国大学へ入学する
←つづく

ダクションを立ち上げ映画をつくる運動が始まります。今井監督も運動に参加。日雇い労働者の苦闘を描いた「どっこい生きてる」（五一年）には、「解雇されても俺たちはまだ生きてるぞ」の思いをこめました。

＊一九四六年から四八年にかけて、東宝で発生した労働争議。詳細は、山本薩夫監督の回で触れます。

独立プロの出現は大企業所属の映画人に刺激を与え、五〇年代は良質な映画が多く生まれた日本映画の黄金期でした。その一〇年間の『キネマ旬報』ベスト10で、今井作品は、「また逢う日まで」（五〇年）、「にごりえ」（五三年）、「真昼の暗黒」（五

大学1年の11月には4回目の検挙
佐野、鍋山の「転向書」だ これを手本に書け
検事→
手記を書いて釈放されたが大学はやめた
高校時代の仲間が退学させられてるのに大学を卒業するなんて…
1935年京都JOスタジオに入社
JOは2年後に東宝に吸収されます
1939年には初の監督作品「沼津兵学校」を撮る
39年は映画法ができた年でもある
国策にしたがった映画しかつくれなくなり、正も戦争協力映画をつくった
「私の犯した誤りの中で最も大きい誤りであったと深く恥じている」とのちに反省
映画手帖 1950年12月号
1945年8月15日戦争は終わった
ガー 朕は… ガー 共同宣言を…
うれしー!! これで自由にいい映画がつくれる
…と思ったら
脚本を直せ
デビッド・コンデ氏→
戦後第1作の「民衆の敵」はGHQの検閲にひっかかった
わかった
そういって直さずつくったら激怒されたので説得した
上映させない
見ればわかる 見てくれっ
ダメ
結局見てほめてくれた
1947年には日本共産党に入党した
もう戦争はイヤだ
会社もやめた
自由に映画をつくりたい
たたかいぬいて映画をつくりつづけた一生だった
2015年製作の映画(DVD)→
たたかいの一端を知れます↓
薩チャン 正ちゃん
池田博穂

六年）、「米」（五七年）、「キクとイサム」（五九年）の五本がベスト1を獲得しています。恐るべし、今井正！

今井作品は国際的にも評価されました。冤罪事件で係争中だった老夫婦殺人事件「八海事件」を映画化した「真昼の暗黒」は、カルロヴィ・ヴァリ映画祭で「世界の進歩に最も貢献した映画賞」を、戦国時代から現代につづく一族の物語「武士道残酷物語」（一九六三年）は、ベルリン映画祭で金熊賞、プロレタリア作家・小林多喜二の生涯を描いた「小林多喜二」（一九七四年）は、サンレモ映画祭でグランプリを受賞しました。

最後の作品は、一九四五年の東京大空襲を扱った「戦争と青春」（一九九一年）。生後すぐの右耳失聴に加え、七〇歳を過ぎて左目も失明していた今井監督に、もう一度映画を撮ってほしいと一般市民一四二一人が約二億円を出資しました。七九歳だった今井監督は、この映画の試写会場にかけつける車中で倒れ死去。「曲がったことは大嫌い」を貫いた映画人生に拍手を送ります。

悔いなく歩んだ映画人生

「キクとイサム」六〇年祭記念公演の記事（二〇一九年四月二六日付「しんぶん赤旗」）を書き、生前の今井監督にも取材している赤旗学術・文化部記者の児玉由紀恵さんに話を聞きました。

「今井監督には、一九八四年の第二五回赤旗まつりでの映画上映のとき、赤旗日刊紙に回顧談を連載したときなど、八年余り、取材を重ねてきました。回顧談は〝悔いなし映画人生〟というタイトルの一〇回連載でしたが、まさにそうした映画人生だったのではないでしょうか」

今井監督の映画づくりは、たたかいの連続だったようですね。

「戦後第一作の『民衆の敵』（一九四六年）では、GHQ（連合国軍総司令部）のCIE（民間情報教育局）映画担当官デビッド・コンデの脚本変更要求に応じず、思い通りに撮って彼を激怒させました。粘りに粘って試写を見せたら『ワンダフル！』と握手され上映にこぎつけたと語っていました。『真昼の暗黒』では、最高裁判所に呼び出されても応じず、（八海事件が）冤罪でなかったら監督を廃業する覚悟だったといいます」

未解放部落が舞台の住井すゑ原作の映画化、「橋のない川」二部作（六九、七〇年）では、部落解放同盟の妨害が激しかったのですね。

「監督自身が経過を書いた、『芸術家の良心は暴力でふみにじれない』（一九七四年一二月一二日付「赤旗」）は、理不尽な要求に抗し続けた闘志に胸をうたれます。映画評論家の大黒東洋士（おおぐろとよし）さんは監督のことを『外に優しく内に厳しい信念の人』といっていますが、自分のことを褒めない監督が、〝『橋のない川』についてだけはよくがんばったという気がする〟と語っていたのを忘れられません」

ひめゆりの塔（1953年 東映）
1945年の沖縄戦で傷病兵の看護のために動員された女学生の話。
女学生役に香川京子や渡辺美佐子が出演
宮城先生は津島恵子
全員死んでしまう
「ひめゆりの塔」を撮ってください
東映重役のマキノ光雄
レッドパージの身なのでダメですよ
私は右でも左でもない大日本映画党だからかまいません
今井監督
大ヒットして赤字に苦しんでいた東映を救った
キクとイサム（1959年 大東映画）
先生…人間にはなして白いのと黒いのとあるんだべ？
キク役の高橋エミ
このセリフは毎回、胸にズシンときます
赤旗記者の児玉由紀恵さん
おら行くのやんだーっ
あぶない
イサム
イサムがアメリカへもらわれていく別れのシーン
祖母役の北林谷栄は、前歯を抜いて老けメイクした
イサム役の奥之山ジョウジ
「カメラの男」役の滝沢修

今回、児玉さんは、「キクとイサム」主演の二人にインタビューもしています。

「キク役の高橋エミさんには二十数年取材してきましたが、イサム役の奥之山ジョウジさんと会うのは二回目です。ジョウジさんにとっての映画出演の意味は？　とずっと気がかりでした。映画のあと、ジョウジさんは製作者の角(すみ)正太郎さんに引き取られて滋賀県で暮らし、エミさんは脚本家の水木洋子さんにすすめられて歌の道へ進みました。映画が二人の人生も開いてくれたのだと、改めて確信がもてて本当によかったです」

真昼の暗黒（1956年 現代ぷろ）
おっかさん まだ最高裁が あるんだーっ!!
無実なのに一審で死刑判決を受けた植村が叫ぶラスト↱草薙幸二郎が熱演
はあ それは忘れました
山本薩夫監督の「武器なき斗い」で山本宣治を演じた下元勉がウソの証言をする西垣巡査を演じた
ウソつきっ
巡査と親しかった里江（共犯容疑の宮崎の母）役の北林谷栄
小林多喜二（1974年 多喜二プロ）
多喜二は山本圭
タキさんは中野良子
拷問の場面は逆さヅりにされたりして大変でした。下ろされてボーッとなってるところに今井監督が来て
もう1回おねがいします
それを6回くらい…
↱山本圭がのちに語る
はい…
語り手の横内正がナレーション形式で多喜二の生涯を回想する手法は斬新
♪1933年〜2月20日〜

今井監督の作品をもっと多くの人に見てほしいですね。

妻ツヤさんとのケンカの話が面白い

映画好きの三〇人に好きな今井作品とその理由をアンケートしました。アンケートをお願いした一人、映画プロデューサー・ライターの平沢清一さんには、『今井正映画読本』（二〇一二年、論創社）、『今井正「全仕事」スクリーンのある人生』（一九九〇年、ACT）の二冊を教えてもらいました。二〇〇二年から一三年間、「今井正通信」を発行していた「今井正監督を語り継ぐ会」が中心

になって製作した本ですが、大変面白い。特に、妻ツヤさんが語るケンカの話に注目しました。

きっかけは、駅で切符を買うのに手間どったツヤさんを今井監督がどなりつけたこと。それまでは何を言われてもハイハイと気を使って生活していたというツヤさんが、家で一気に不満を吐き出すと、今井監督はひと言も反論せず二階へ。〈それから変わりましたね。変えようと努力してるみたいね〉とツヤさん（『今井正「全仕事」』）。立ち止まって考える姿勢に共産党員らしさを感じました。

「日本独特の社会主義になればいい」

前述の赤旗記者・児玉さんには、今井監督死去を報じた一九九一年一二月三日付英紙「タイムズ」を見せてもらいました。記事は、今井映画が、外国では有名な黒澤明の映画よりも国内で人気がある理由に言及。今井監督が、映画を見慣れない人にもわかる映画づくりをおこなったからだとしています。

中国では天安門事件があり、ソ連・東欧の激動が始まった一九八九年、ある対談で、「いわゆる共産主義体制というものは完全に失敗してしまいましたよね」と問われた今井監督は、「僕なんかはそう思わないんですね……日本は日本独特の社会主義になればいいと思っているんですよ」と答えています（『今井正「全仕事」』）。

今井監督が庶民のために映画をつくりつづけたのは、監督が長いスパンで歴史をながめ、決してあきらめなかったからでもあるでしょう。

私は、日本人の精神性を描いた「武士道残酷物語」に目を開かされました。政治体制が変わっても、不正にたいして立ち上がらないままの日本人を描いたもので、ずっとこのままでいいのだろうかという気になりました。今井監督は同作品で戦争責任の問題を扱ったつもりだとして、〈個人の問題の追求がなくて、ほんとうの戦争責任の問題は追求されないのでは〉（『今井正「全仕事」』）と語っています。

戦争協力の反省を終生忘れず

今回の取材では、今井正監督が、戦争協力映画をつくった反省を終生忘れず映画をつくりつづけたことを知りました。そんな今井監督の思いを踏みにじるように、安倍政権は、憲法九条改定によって日本を「海外で戦争する国」につくり変えようとしています。このままではいけないと思う人が一人でも増えるよう、いまこそ、多くの人に今井監督の映画を見てほしいと思いました。

⑦社会派の巨匠「映画は大衆のもの」

共産党員映画監督・山本薩夫

二〇一九年六月下旬公開の政治サスペンス映画「新聞記者*」（藤井道人監督）が、興行収入四億円を突破し（同年七月二三日現在）、話題です。「赤旗」日曜版六月一六日号では、同映画出演の俳優・高橋和也さんが、「昔は山本薩夫監督のような社会派の巨匠がたくさんいました……この作品が持つ意味は大きいと思います」と語っています。日本共産党員でもあった社会派監督のレジェンド、山本薩夫監督の映画人生をたどります。

*二〇二〇年三月、日本アカデミー賞で作品賞など三冠に輝きました。

上京し、映画・演劇にふれて

山本監督は、一九一〇年、鹿児島生まれ。父の転勤で、二年後には愛媛県松山市へ。中学一年まで過ごした松山では、長兄の中学時代の友人で、後の画家・重松鶴之助、俳人・中村草田男（くさたお）、映画監督・伊丹万作（いたみまんさく）（俳優で監督の十三の父）などと交流します。特に、重松のことは、〈「鶴さん、鶴さん」と呼んで、本当の兄のように慕って〉いました（『私の映画人生』一九八四年、新日本出版社＝以下引用はすべて同書）。

二四年、中学生の時、一家で上京。映画館に通うようになります。

二八年三月一五日、創立六年目の日本共産党が大弾圧され、社会の軍国主義化が加速します。翌年四月、早稲田高等学院へ入学した山本青年は、新劇に興味をもち、築地小劇場へ通い出します。〈警官が並んで立って〉いた劇場でも、観客は、〈直接胸に訴えてくる場面になるとワーッと沸いた。あの迫力はすごかった〉。

三二年、早稲田大学文学部へ入学。舟木重信教授のもとドイツ文学を勉強してマルクスを読み、唯物論を学び、小林多喜二の小説を読み、左翼的な思想に目覚めていった山本青年は、仲間と軍事教練反対集会を開催。検挙されてしまいます。二週間の拘置ですんだものの大学は退学処分に。

三三年八月、松竹へ助監督として入社。「新進気鋭」の成瀬巳喜男（みきお）監督につきます。翌年、成瀬監督と共にＰＣＬ（のちに合併して東宝）へ移籍。三七年、初監督作品「お嬢さん」を撮影。第二作「母の曲」は、原節子主演のメロドラマで大ヒットしますが、〈私の主体性はほとんど反映されてはいない〉と書いています。

山本薩夫物語
山本薩夫は
1910年
7月15日
鹿児島で
生まれた
オギャ
少年時代は
愛媛県の
松山市で
過ごした
自宅には兄の友人が
よく遊びに来た
高2の長兄→
中3の次兄↓
小5の薩夫↓
そのなかの1人
重松鶴之助
には影響を
受けた
有島武郎を
読むといいよ
1924年
山本家は東京へ
引っ越した
中学1年を
終えた時でした
映画をよく見る
ようになった
スタンバーグ監督の
「サルベーション・ハンター(救ひを求むる人々)」は、十回以上見た
高校時代は演劇
活動に熱中
した
演出の勉強を
したくて、役者に
なろうと考えました
宇野重吉など
新劇の俳優
などとも親しく
つきあう
ようになった
1932年には
早稲田大学に入学
軍事教練反対の
集会を開いて
検挙された
芝居と
映画と
講演で
やろう
いいね
大学は退学処分となり
家族会議が開かれた
やりたい
ことを
やらせよう
薩夫
何がやり
たい?
新劇じゃ
食えないし…
映画を
やって
いきたい
つづく←

兄のように慕っていた重松の死

三八年一一月、重松鶴之助「自殺」の報が届きます。中央画壇に認められる画家となった重松は、三一年、日本共産党に入党。党関西地方委員会責任者となり、三三年秋、姫路連隊の出征兵士へ反戦ビラを配布し逮捕され、大阪・堺の刑務所に収容されていました。刑期を終えて出獄する日の朝に自殺。重松から出獄後の意欲を語る手紙を受け取っていた山本監督は信じられず、がく然としたそうです。三九年には「映画法」が成立。国策にそった映画しかつくれず、挫折感を抱えながら撮り

1933年松竹に入社
助監督として成瀬巳喜男監督につく
「めし」「浮雲」などで知られる女性映画の名手
34年
成瀬監督とともにPCLへ移る
成瀬さんには対象をとらえる自由な見方を学びました
37年
初監督作品「お嬢さん」を撮る
この年PCLは合併して東宝になりました
38年には重松「自殺」の報が届いてショックを受ける
ちきしょう
どうしてだよ

43年には召集され千葉県佐倉連隊に
山本二等兵はおるか?
はいっ
偶然同じ隊にいた宇野重吉
終戦時は報道部付映画班員として中国にいた
日本は無条件降服したらしいぞ
46年6月に復員
47年
東宝復帰第1作「戦争と平和」を亀井文夫と共同監督した
同年 日本共産党に入党
反戦を生涯のテーマにしよう
48年
東宝争議で東宝を退社
争議解決金でつくった「暴力の街」の成功は独立プロ運動開始のきっかけとなった
55年には山本プロを設立、62年からは大手映画会社にも誘われ、数々の名作を世に送り出した
共産党文化後援会代表委員、「赤旗」の宣伝活動にも参加した
「赤旗」を読みましょう
77年9月
赤旗日曜版

ました。

四三年、二等兵として千葉県佐倉連隊へ入隊します。映画監督だからと陰湿ないじめや暴力を受けました。後年、この佐倉連隊兵舎で、「真空地帯」（一九五二年）を撮影。軍隊の理不尽さ、非人間性を自らの経験をふまえて告発しました。

敗戦直後の山本監督の体験には声を失いました。中国で結核に冒されていた友人が復員船乗船直前に息絶え、やぐらを組んで友人の遺体を火葬。「戦争と人間　完結篇」のラストシーンは、この事実の再現です。

四六年六月、復員。日本では労働運動が盛り上がり、映画界では、同年四月、日本映画演劇労働組合（日映演）が結成されていました。

反戦を生涯のテーマに

同年九月、東宝に復帰すると、組合の企画権など民主的な映画づくりを求めて映画人が立ち上がった東宝争議が始まっていました。組合つぶしを狙った会社側の攻撃をはねかえして、いったん争議が妥結。四七年には、今井監督の「民衆の敵」や、山本監督が亀井文夫と共同監督した「戦争と平和」などの名作が送り出されました。山本監督は、〈この映画を撮るときに、一兵士として中国侵略にかり出されていった……人生への反省のうえに立ち……反戦を映画のテーマにすると同時に、それを自分の生涯のテーマにしなければならない〉と決意し、同年、日本共産党に入党しました。

「来なかったのは軍艦だけ」で知られる第三次東宝争議は、四八年四月に始まります。映画製作をやめて興行に依存しようとする東宝が、千数百人の解雇を通告。組合はただちに抗議しストライキに突入、撮影所に立てこもります。八月、会社側が裁判所に申請していた撮影所引き渡しが認められます。その強制執行に、なんと、二〇〇〇人の武装警官、米軍の一個中隊、戦車七台、飛行機三機までがやってくるのです。米軍まで出動したとは！　ビックリしました。山本監督は、争議を通じて、〈映画は大衆のもの、大衆と結びついた映画づくりを〉という意識が芽生えていったと書いています。

撮影所明け渡し後、一〇月までつづいた争議は、二七〇人の解雇撤回と引き換えに組合指導部二〇人が自主的に退職することにして決着します。その一人、山本監督は日映演への争議解決金一五〇〇万円を元手に、「暴力の街」（一九五〇年）を撮影。埼玉県本庄町（現本庄市）での暴力団と市民のたたかいを描いた同作品は、事件に関わった暴力団や検事の妨害をはねのけ、完成。多くの観客を得ました。

「暴力の街」の成功で、独立プロ運動へ

「暴力の街」の成功で、東宝争議やレッドパージで映画会社から追放された人々が、独立プロダクションを立ち上げ映画をつくる運動が始まります。山本監督は運動の先頭に立ち、一九五二年、箱根用水の大工事を成し遂げた友野与右衛門を描いた「箱根風雲録」、「真空地帯」を撮り、五五年には山本プロを設立。第一作に「浮草日記」（一九五五年）を撮りました。〈やっていて楽しい仕事ではあった……その後の独立プロの運動のあり方にひとつの示唆を与えてくれるような内容をもった作品であったと思う〉。

五九年、農村婦人の一〇円カンパで「荷車の歌」を撮ります。山代巴（ともえ）の原作の映画化で、広島県の山村の貧農に生まれた女性の一代記です。農村婦人を集めた試写会では、三

浮草日記（1955年 山本プロ・俳優座）
旅回りの市川馬五郎一座が炭鉱町でストライキ中の労働者に出会い、ストライキの芝居をすることになる。
社長の松本克平
労働者の父の東野英治郎
労働者だってことを忘れて裏切り者になるところだった
おとっつぁん
菅原謙二
役者たちが生き生きとしていて楽しい映画です。若き小沢昭一や仲代達矢も出演
だまされるなー
がんばれよー
社長令嬢の津島恵子
「ストライキの芝居」のシーン
観客のかけ声
にっぽん泥棒物語（1965年　東映）
戦後最大の謀略・冤罪事件である松川事件の真犯人を見たと証言したドロボウの一生をユーモアたっぷりに描いた作品。
うそはドロボウの始まりっていうんでないかい
土蔵破りの相棒の庫吉役は江原真二郎
私が土蔵破りの方法を東北弁でしゃべると監督がワハハと笑って……
「薩チャン正ちゃん」ではナレーターをつとめ、今井&山本監督の思い出も語っている
ドロボウ役の三國連太郎

國連太郎演じる夫に「妾」ができた場面で、「このばか野郎！」「くそじじい！」と声がかかったという話には思わず吹き出しました。今井正監督同様、山本監督も、わかりやすい映画づくりを心がけていたのですね。

その後も、「人間の壁」を日教組と、「武器なき斗い」を大阪総評と、「松川事件」を「松川事件」劇映画製作実行委員会と組んで映画化。〈大衆と結びついた映画づくり〉を実践しました。大映での「忍びの者」を皮切りに、六二年以降は大手映画会社でも「白い巨塔」「金環蝕」ほか数々の名作を世に送り出し、多数の映画賞も得ました。

遺作は、七九年公開作品の続編、

戦争と人間・完結篇（1973年 日活）
五味川純平の同名小説の映画化。第一部（1970年）、第二部（71年）につづく完結篇。山本監督は五部を構想していたが日活の都合で三部になった。
伍代俊介（北大路欣也）
ノモンハン事件で敗北し、満州の荒野を伍代俊介が生き残った兵士とさまようシーン。会話で昭和天皇の責任を示唆していてうまいなと思う（アンケート回答）
これからどうなる？
天皇に聞けよっ
私のねらいは、第五部で東京裁判を描き、同時に戦争犯罪人である死の商人を裁くことにあった（『私の映画人生』）
山本監督
あゝ野麦峠（1979年 新日本映画）
明治中期、長野県岡谷市の製糸工場へ岐阜県飛騨地方から働きに出た少女たちの話。
舞踏会で華やかなドレスでくるくると踊る女性たちと雪の野麦峠を木綿のきもので越える少女たちの対比に衝撃を受けました（アンケート回答）
「百円工女」になるも結核で死ぬ政井みね（大竹しのぶ）
わらぐつ
手袋なし
崖から落ちないよう縄を持たされている
みねの兄（地井武男）がみねを背負って峠越えするラストシーンは、泣ける

「あ、野麦峠・新緑篇」（一九八二年、東宝）。次回作（「悪魔の飽食」「迷路」）を準備中だった八三年八月、入院先の病院で死去。七三歳、膵臓（すいぞう）がんでした。山本監督の映画のような人生は人間らしく生きることの大切さを教えてくれました。

みんなでつくって、みんなで見よう

山本監督の次男で、映画プロデューサーの山本洋さんに話を聞きました。洋さんは一九四一年生まれ。早稲田大学卒業後、大映に入社。増村保造（やすぞう）監督など一九作品の助監督につき、七一年の大映倒産時には、労組中央執行委員長として一〇〇〇日に

及ぶ破産争議の先頭に立ちました。大映を再建し、映画「敦煌（とんこう）」などを手がけ、「薩チャン正ちゃん　戦後民主的独立プロ奮闘記」（池田博穂監督、二〇一五年）のプロデューサーでもあります。同映画は、監督の長男・駿さん（映画カメラマン）とその妻・洋子さん（映画監督）が夫婦で製作に携わりました。

労働争議を描いた「ドレイ工場」（武田敦監督、山本薩夫総監督、一九六八年）は、「一〇万人の映画製作運動」で作られました。スローガン、「みんなでつくって、みんなで見よう」は大変印象的でした。

「山本薩夫は観客を大切にした作家です。観客がどんな映画を要求しているのかを見抜く力をもたなければいけないと言っていました」

『私の映画人生』では、重松鶴之助の影響の大きさに驚きました。

「重松さんのことは亡くなるまで気にかけていました。重松さんが、薩夫の母、つまり私の祖母を描いた絵がうちにあって大切にしていました。青春時代に、権力に対する憎しみや正義感がつくられるきっかけの一つだったのではないでしょうか」

共産党の応援演説に立つこともあったのでしょうか？

「応援演説は苦手で、イヤだ、イヤだと言いながらやってました。近所の商店街の人たちに気軽に声をかけ、家に招いて一杯飲みながら議論することは好きでしたが」

理屈抜きに面白い

映画好き三〇人へのアンケートでの山本監督作品ベスト3は、「あゝ野麦峠」「戦争と人間・三部作」「にっぽん泥棒物語」でした。アンケートに協力してくれた映画プロデューサー・ライターの平沢清一さんは、高校時代に「あゝ野麦峠」のエキストラに応募しています。

「坊主頭がイヤで出演はしていません（笑）。大学時代に民青同盟に加盟し、入党してから、山本監督が共産党員だったと知り親近感を持ちました。十数年前に映画の仕事を始め、二〇一〇年には生誕一〇〇年記念の資料をつくり、その取材で、監督が菅生（すごう）事件*を映画化しようとしていたことなども知りました。監督は私の人生を変えた存在です」

＊一九五二年、大分県で起きた謀略事件。スパイだった警官が駐在所を爆破して、共産党員に罪をなすりつけた。

平沢さんは、日本共産党映画後援会の事務局長でもあります。同後援会では、映演労働者後援会と共催で「日本共産党の映画人たち」を年一回のペースで開催しています。

「今井・山本両監督の映画を見ていない若い人が多いのが残念です。特に独立プロ全盛時の映画は理屈抜きに面白いので見てほしいですね」

人間らしさを希求する労働運動は、芸術にたずさわる人間にこそ必要なものだったのですね。山本監督が、いい芸術作品をつくることと日本共産党員として生きることを一致させていたことを発見しました。

映画好き30人アンケートから

山本薩夫監督編

●「あゝ野麦峠」…日本資本主義が、乙女たちの犠牲によってつくりだされたことに対する山本監督の怒りが伝わってきた。

●「武器なき斗い」…山本宣治をブルジョア的と批判した若者が自身も良家の出身で、活動から離れるも特高の暴力にあい痛めつけられた体で終盤に再登場。かつての仲間と再会するところなど共産党員（戦前の左翼）を人間として描いている。

●「白い巨塔」…病院内の選挙を巡る駆け引きなど、ドラマとしての面白さに加え、手術シーンで実際に体にメスが入るシーンが（豚を使ったという話を聞いたことがあるが）。とても斬新だと思った。

●「にっぽん泥棒物語」…喜劇作品として理屈抜きに面白い傑作で、笑いと感動にあふれる法廷シーンが出色。政治的メッセージと娯楽性を兼ね備える山本監督の真骨頂。

今井正監督編

●「ここに泉あり」…〝生演奏を聴くことは二度とない〟ほど山奥の学校での演奏会で、真剣に聴き入る子どもたち。その姿に励まされる楽団員。人間にとっての音楽の意味を考えさせられる作品だった。最後の演奏会シーンと数年後の楽団の変化は感動的。

●「婉という女」…封建制ゆえの理不尽な刑を受ける一族の悲劇。制度そのものを疑えというメッセージがあったと思う。

●「純愛物語」…広島原爆の入市被爆、体内被爆、被爆二世など、綿密な調査で二次的な原爆被害にも迫った先駆的な作品。福島原発事故の放射能被害の問題も想起させる。被爆者への援助が全くなかった時代に、主人公の少女ミツ子（中原ひとみ）が原爆症の苦しさを訴えても「ばっくれ」「仮病」と相手にされず、行き場も食べ物も得られず、白血病で死んでいく場面は胸を締めつけられる。

⑧性暴力・ハラスメントのない日本へ！

衆議院議員の本村伸子さんにインタビュー

二〇一九年六月二一日、国際労働機関（ＩＬＯ）総会で、働く場での暴力とハラスメントを禁止する条約が採択されました。背景には、性暴力・ハラスメント根絶を求める#Me Too運動などの世界的波及があります。一方、日本は「ジェンダーギャップ指数」が世界一四九カ国中一一〇位（二〇一八年）。[*] 政治やメディアなど各分野でセクシュアルハラスメントが絶えません。

＊一九年発表の指数は、さらに下がって、世界一五三カ国中一二一位。

衆議院議員の本村伸子さんに聞きました

二〇一九年七月二九日、性暴力・ハラスメント根絶に向けた日本共産党の政策や立場について、党国会議員団男女平等推進委員会セクハラ・ＤＶ・性暴力担当の一人、本村伸子衆議院議員に話を聞きました。

本村さんは、一九七二年、愛知県豊田市生まれ。龍谷大学国史学専攻修士課程修了後、新日本婦人の会愛知県本部勤務。八田ひろ子参議院議員秘書などを経て、二〇〇五年に衆議院愛知一一区、〇九年に衆議院愛知三区、一〇年、一三年には参議院愛知選挙区に立候補。一四年総選挙で衆議院比例東海ブロックから初当選し、現在二期目です。

暴力とハラスメントの法的禁止が世界基準に

ＩＬＯの禁止条約が採択されましたね。

「性暴力やハラスメント被害者の多くが、心身に不調をきたし休職や離職に追い込まれています。生存権、命にかかわる重大な人権侵害です。暴力とハラスメントを法的に禁止する条約ができ、世界基準になったことは大きな一歩です。日本でも批准できるよう法整備に取り組みたいと思います」

ＩＬＯ禁止条約では、暴力とハラスメントを「身体的、精神的、性的あるいは経済的な危害を目的」とするか、引き起こす可能性がある「容認できない行為と慣行」と定義し、保護すべき対象を、派遣やパートなど契約形態を問わず、すべての労働者としました。被害者への医学的・行政的な救済・支援も義務づけています。日本の課題は何でしょうか。

「ハラスメントの定義、禁止規定を明確にした法律がないことが最大の問題です。今の法律では、ハラスメント被害者が相談しても、労働局ではその行為の被害認定ができず、救済や解決につながっていません。保護・救済の対象も、禁止条約では就活生など求職中の人、インターンやフリーランスも含まれています。国際水準並みに範囲を広げるとともに、労働行政の体制を確立・強化すること、被害の認定と救済のため独立した救済機関の設置が必要です」

セクハラ禁止規定がない日本

セクハラを禁止する法律の規定がない国は、ＯＥＣＤ（経済協力開発機構）加盟三六カ国中では、日本、チリ、ハンガリーの三カ国のみ。日本は、国連の女性差別撤廃委員会から禁止規定を設けるよう、繰り返し勧告されています。禁止規定がないもとでは、違法行為が認定されず、逆に被害者がうそを言っているのではないか、といったバッシングの原因ともなっています。深刻な人権侵害の放置です。

二〇一九年二月の衆議院総務委員会では本村さんが安倍首相に「世界に遅れているという自覚はないのか」と質問しましたが、首相はまともに答えようとせず、あきれました。

ＩＬＯ条約に政府は賛成、経団連は棄権

禁止条約の採択は、各国政府代表、労働者代表（日本は連合）、使用者代表（日本は経団連）の投票です。賛成四三九、反対七、棄権三〇の圧倒的賛成多数で採択されましたが、日本は政府と連合が賛成、経団連が棄権しました。終始消極的だった日本政府の賛成はどう見ますか。

「今春（二〇一九年）の国会での女性活躍推進法改定審議では、野党側は禁止条約案に沿ったハラスメント禁止規定を盛り込むよう一生懸命要望しましたが禁止規定が入りませんでした。そのため共産党は法案に反対しましたが、賛成多数で成立しました。しかし、付帯決議には『条約が採択されるよう支持するとともに、条約成立後は批准に向けて検討を行うこと』が入り、全会一致の採択となりました。国民の運動を反映した国会の意思が、日本政府を動かしたのだと思います。批准に向けて、野党共闘を強めていきたいです」

本村伸子物語
1972年、伸子は愛知県豊田市で生まれた
のびのびと育って人の役に立つ子になってほしいね
「伸子」にしよう
いいね
長崎で被爆した父の話を聞いて育った
その年のうちに2歳の弟は亡くなった
生きものの命を大事にする子だった
ネコが急に苦しみだしたから病院に連れて行って
小学校から大学までバレーボールを12年間つづけた
龍谷大学では、古代史を学んだ
人間の尊厳を大切にしようと思ったら社会主義にいくしかないと思う
近現代史の授業での先生の言葉はグッときた
共産党の専従や候補者としてまじめにがんばる父に信頼を寄せ、大学4年生で入党
日本共産党
26歳のときに八田ひろ子参院議員の秘書に
海上の森での万博は見直しを
趣味は音楽鑑賞、森林保全。チェーンソーも使う
2014年 衆院比例東海ブロックで初当選
巻き髪
白いジャケット
白いブーツ
初登院の時
初質問は2015年3月2日予算委員会
住民の声を無視したリニア計画はやめるべきです
現在も性暴力被害者の声を国会へ届けるなどしてがんばっている
セクハラ被害の法整備を

経団連の棄権についてはどうでしょうか。

「二〇一八年、厚労省の労働政策審議会でも使用者側の委員が反対し、禁止規定の法整備を先送りさせました。共産党は、日本の政治には『アメリカいいなり』『財界中心』という『二つのゆがみ』があるとしています。日本政府が国際社会からの批判を受けても本気で是正しないのは、財界の意向があるからです。ハラスメント放置は人権の問題であるとともに、本来は財界や企業の活動にとってもマイナスになると思うんです」

企業中心社会が性暴力・ハラスメントを生む大きな背景にあるわけですね。市民と野党の共闘で乗り越えられるのでしょうか。

「一八年六月には、野党六党、一会派で『性暴力被害者支援法案』を衆議院に提出しました。市民と野党は個人の尊厳に一番価値を置くという点で一致しています。対して、安倍政権は、個人の尊厳を否定し憲法を再構築するのが狙いです。自民党の一二年改憲案では天賦人権説を否定しています。個人より国家に重きを置き、個人は国家のためにあるという思想です。企業がもっとも活動しやすい国にするともいっています。乗り越えなければいけません」

同意のない性交はすべて暴力

日本での性暴力・ハラスメント根絶運動の広がりは、二〇一七年五月、ジャーナリストの伊藤詩織さんが元ＴＢＳ記者の山口敬之氏から受けたレイプを実名告発したのがきっかけです。準強姦を問う刑事事件で山口氏は不起訴処分でした。伊藤さんは、著書『Ｂｌａｃｋ　ＢｏＸ』（一七年、文藝春秋）で、日本の捜査や司法システムの理不尽さを感じたと書いています。

「伊藤さんも述べておられますが、日本の強姦罪（強制性交等罪）の成立要件には、同意がないことが明らかでも、被害者自身が、抵抗できないほどの暴力や脅迫を受けたことを証明しなければならないのです。ハラスメント禁止規定とともに、刑法の抜本的改正についても日本は国連から勧告を繰り返し受けています」

二〇一九年三月の参議院予算委員会では辰巳孝太郎議員（当時）が、「暴行・脅迫要件」について質問しました。内閣府の調査（一七年度、男女間における暴力に関する調査）では、無理やり性交された被害女性の六割は「恥ずかしい」などの理由でどこにも相談できていません。さらに、「抗拒を著しく困難にする程度」の暴行・脅迫が必要とされるため、ショックで抵抗できなかった場合は犯罪と認められないことが多いのです。辰巳さんは、「相談をしても加害者の違法を認められず、泣き寝入りせざるをえない状況がある」と告発。「暴行・脅迫要件」を撤廃し、性的行為への同意の有無を要件とすべきだと主張しました。

「同意のない性交はすべて性暴力だというのが世界の潮流です。二〇一一年に欧州議会で採択された『女性に対する暴力およびドメスティック・バイオレンス撲滅条約（通称イスタンブール条約）』で、〈性暴力の定義は「同意に基づかない」性的行為であり、暴行や脅迫を要件としない〉とされました。この条約をうけて、二〇一六年、ドイツは刑法を改正しました」

被害者の声をふまえ、刑法改正の早期実現を

ドイツの刑法改正については、日本共産党の池内沙織、斉藤和子両前衆議院議員が二〇一七年九月に訪問調査しています（『女性のひろば』一八年四月号）。改正への決定打は、女性法律家団体や被害者支援団体が行った分析調査。暴行・脅迫を伴わないために不起訴や無罪になったと思われる性暴力の事例でした。仁比（にひ）聡平前参議院議員が、同年一二月の法務委員会でこれを取り上げ、日本でも調査を行うよう提起しました。上川陽子法務大臣（当時）から前向きな答弁を得たということで、ぜひ実現してほしいです。

「困難がある中でも、声を上げた被害者たちの運動は現実を動かしています。自身の性暴力被害を実名で訴えてきた山本潤さん（当事者団体「Spring（スプリング）」代表理事）たちは、二〇一七年、一一〇年ぶりの刑法改正をかちとり、三年後（二〇年）の見直しを法の付則に入れ

させました。さらに被害を受けた方々の声をふまえた刑法改正を早期に実現したいと思います。人権と人間としての尊厳を守り、被害者を一人にしないために努力し続けます」

一一〇年ぶりの刑法改正を審議した二〇一七年六月二日の衆議院本会議では、池内沙織前衆議院議員が、「現行刑法は、一一〇年前、家父長制のもとで、女性が無能力者とされていた時代に制定されました」が、「こうした考え方が、今日でも、司法・捜査当局に大きな影響を与えているのでは」と質問しました。性犯罪被害者を救済しない司法の本質は女性差別だとズバリ指摘。共産党議員であればこその演説だと感動しました。

突然、性暴力を受けた被害者に寄り添う場所があるかどうかは、その後の人生を大きく左右します。二〇一八年四月の衆議院総務委員会で本村さんは、政府に性暴力被害者ワンストップ支援センターの増設や財政支援の充実などを求めました。

「ワンストップ支援センターは、被害直後から産婦人科医療、心理的ケア、証拠採取、被害届提出などを一カ所で行い、二四時間三六五日対応するものです。日本では県に一つ程度で病院拠点型も少なく、二四時間対応も一部にとどまっています。また、私が視察した愛知の支援センター、日赤なごやの『なごみ』では、本来、国が責任を持つべき費用がほとんど病院側の持ち出しです。改善を求めています」

二〇一九年三月には性犯罪事件で一審無罪判決が相次ぎ、四月には東京駅前で抗議のフラワーデモが開かれました。デモは、その後、全国で毎月一一日に開催。手に花を持ったり花柄の服飾品を身につけた多くの人が参加。自身や家族、友人が経験した性被害や、性犯罪をなくしたい思いを語り合っています。八月は少なくとも全国一八カ所で行われ、「誰もが安心して暮らせる社会にしたい」との訴えが各地に広がっています。

ジェンダー政策で共産党を〝発見〟

こうした流れを受けて、同年三月、日本共産党は特設サイト「個人の尊厳とジェンダー平等のための JCP With You」を開設、各地でイベントを開催しました。六月五日には、政策提言「個人の尊厳とジェンダー平等のために」を発表し、男女の賃金格差是正、男女雇用機会均等法の抜本改正、刑法の性犯罪規定改正などを明記しました。ジェンダー政策を大きな柱にすえてたたかった七月の参院選では、〈この課題を入口に日本共産党を〝発見〟し、共感と期待を寄せてくれる有権者が少なくなかった〉と政策委員会事務局次長・坂井希（のぞみ）さんは書いています（『月刊学習』一九年九月号）。

本村さんの地元、愛知でも同年三月、「ハラスメント撲滅プロジェクト」が発足しました。日本共産党愛知県委員会と弁護士、労組関係者、地方議員などがメンバーです。その一人、参院選を愛知選挙区候補としてたたかった須山初美さんは、〈男性も一緒になってとりくむ〉ことを大切にしているといいます（『議会と自治体』一九年五月号）。おおいに共感します。

須山さんによれば、愛知県では製造業が盛んで、比較的男性雇用中心となる傾向があること、男女賃金格差（比率）は全国三七位（二〇一七年度）。こうした労働環境が実際に発生しているハラスメントの背景にあると見たうえでの取り組みです。大企業中心社会の財界を代表する企業・トヨタ自動車がある愛知が変われば影響は大きいと思います。

『週刊ＳＰＡ！』の女性蔑視記事への女子学生の抗議に驚き

私にとって性暴力・ハラスメント問題を考えるきっかけになったのは、二〇一九年一月、『週刊ＳＰＡ！』の女性蔑視記事に二一歳の女子学生が抗議、謝罪を求めるネット署名で約五万人を集めたことでした。同誌は、私のパートナーでライターのツルシカズヒコが一九九〇年代に編集長をつとめ、私もイラストを描いていました。記事で名指しされた大学とは別の大学に通う女子学生の抗議で驚きました。

さらなる衝撃は、九〇年代の『ＳＰＡ！』にも今なら〝炎上〟必至の女性蔑視記事があったと判明したことです。当時の『ＳＰＡ！』は、均等法世代の総合職や知的労働の女性の読者が多くいました。女性から抗議の声が上がった記憶はなく、当時の読者層の一人だった私も、なぜこんな記事を面白がっていたのかとがく然としました。

一九七九年に国連で女性差別撤廃条約が採択され、日本は八五年に批准。男女雇用機会均等法が成立しました。八一年大学入学の私は、これで男女平等になると喜んでいましたが、今回の取材で、均等法成立と引き換えに深夜業の禁止など女性の保護規定が大幅に緩和されたり、総合職と一般職という「コース別人事」が行われ、かえって差別が固定化されていたことを知りました。

また、均等法の改定で二〇〇七年から、事業主にセクハラ防止措置義務が課せられますが、本村さんも最初に強調されていたように、法律に「禁止」と明記されていないために、セクハラの防止・根絶に部分的にしか役に立たないことも知りました。無知、無関心を恥じると同時に、真実追求が使命のメディアが、この三〇年間、女性差別問題をどう伝えてきたか、深く考えました。メディアで絵や文をかいていた自分自身への問いかけでもあります。

無知と無関心が差別の固定化に

日本初のセクハラ訴訟（一九八九年）を担当した角田由紀子弁護士は、九〇年代に「セクハラ」が流行語になったことについて、セクハラが社会に広く認識された一方で、週刊誌が揶揄する論調で広め、その意味が明瞭にならないまま使用されてきてしまったと述べています（『議会と自治体』一八年一二月号）。「揶揄する論調」は九〇年代の雑誌の〝十八番〟です。私自身も、当時はセクハラという言葉を揶揄する感じで使用していました。

角田弁護士は、セクハラの防止・根絶には、女性差別禁止の法整備に加え、セクハラを生む社会構造――支配・被支配の関係の固定化を許している社会構造の変革も必要だと指摘しています（同前）。『ＳＰＡ！』事件を機に、私はこの三〇年間を振り返り、自身の無知と無関心が女性差別を固定化する社会構造を補完していたことにやっと気づきました。

メディア内部から声を上げる行動も

性暴力・ハラスメント問題とメディアの関係という点では、ここ数年、ＮＨＫなどのマスメディアでセクハラ被害が相次いでいます。二〇一八年一一月、本村さんが衆議院総務

愛知ゆかりの共産党女性国会議員
たとえば、1973年、革新共同の田中美智子元衆院議員は…
昨年アメリカの雑誌で…
名古屋放送副社長の川手泰二氏が「30歳を過ぎた女は美しくないから首を切った」と語っていますが…
Newsweek
The New Sex Therapy
日本の全女性が怒っています
私は50歳になってもこんなにきれいです
民間放送での女性への「差別定年制」は、労働者のたたかいと結んで70年代半ばには一掃された

1998年以降、選択的夫婦別姓導入民法改正案をたびたび共同提案。
瀬古由起子元衆院議員が
アイデンティティーの問題です
八田ひろ子元参院議員は
選択的夫婦別姓は重要。ぜひ実現を
と女性たちの声を国会へ届けた
2001年に八田議員が超党派のチームでDV防止法を成立させたとき本村伸子秘書も実態調査や聞きとり、資料づくりなどに奔走した

現在は、本村伸子衆院議員が性暴力・ハラスメント根絶をめざしてがんばっている
セクハラ禁止を求める国連からの勧告はどう認識されておりますか？
6月には、愛知の「ハラスメント撲滅プロジェクト」チームの初トーク集会も開かれた
元参院愛知選挙区候補の須山初美さん
本村さん
性暴力のない明日のために
私たちは沈黙しない
尊厳をもって生きられる社会をつくりましょう

委員会で行った質問では、NHKと関連会社で「セクハラ」などでの懲戒処分が過去一〇年間で三五件あったことが明らかになりました。本村さんは、賃金や昇進で男女の格差はないのかと追及。英BBCでは女性職員の割合が47・7%、女性管理職が43・3%なのに対し、NHKでは女性職員が17・4%、女性管理職は8・7%にとどまっており「女性の採用・登用を数値目標をもって抜本的に引き上げるべきだ」と迫りました。

二〇一八年五月、政党に選挙での候補者をできる限り男女同数とするよう求めた「政治分野における男女

共同参画推進法」が全会一致で可決・成立しています。マスメディアも男女比率同数を目指して、内部の構造改革をしてほしいと思います。

メディア内部から声を上げる行動も起こっています。テレビ朝日の女性記者が財務事務次官のセクハラを告発した事件や、菅義偉官房長官による東京新聞女性記者排除発言への抗議などをきっかけに労働組合の連帯が始まっていることは希望です。

社会に共に生きる者として

私は、社会の矛盾を感じるたび、資本主義を「ぶっ壊す」しかないのではないかと思っていました。そんな経済体制の中で生きるには個人主義しかない、〝枕営業〟で仕事を得る仲間がいても「個人の自由」だと思っていました。社会は変えられないとあきらめていました。異常な女性差別社会で私たちは手をつながなければいけなかった。社会に共に生きる者として声を上げるべきだった。そのことを若い女性たちが教えてくれました。遅くはないと思います。

取材を終えて、日本共産党が女性差別根絶に本気で取り組んでいることを発見しました。私は共産党を発見するまで、裁判や職場で声を上げていた人たちがいたことを知りませんでした。共産党を発見することの重要性もわかった取材でした。声を上げてきた多くの女性たちに敬意を表します。先駆者に連なる新しい動きの輪に私も加わりたいと思います。

二〇二〇年一月に行われた日本共産党第二八回大会で、綱領が一部改定されました。女性差別撤廃に向けた部分は、〈ジェンダー平等社会をつくる。男女の平等、同権をあらゆる分野で擁護し、保障する。女性の独立した人格を尊重し、女性の社会的、法的な地位を高める。女性の社会的進出・貢献を妨げている障害を取り除く。性的指向と性自認を理由とする差別をなくす〉となりました。国際的潮流に沿う先駆的な内容です。強く共感します。

⑨偏見・差別の原点は、「隔離政策」にあった！

ハンセン病療養所・栗生楽泉園を訪ねて

二〇一九年六月、国のハンセン病隔離政策が患者家族に対しても重大な人権侵害だったとする熊本地裁判決がありました。政府は控訴を見送り、安倍首相談話と政府声明で反省とお詫びを行いました。ハンセン病患者や家族への人権侵害とは、どんなものだったのか。どういう歴史やたたかいがあったのでしょうか。「重監房」が置かれた群馬県草津町の国立療養所・栗生楽泉園（くりうらくせんえん）を訪ねました。

ハンセン病患者を国が強制隔離

ハンセン病は、遺伝ではなく、らい菌による感染症です。らい菌を発見した医師の名前からハンセン病と呼ばれています。主に手足の末梢神経の麻痺（まひ）やさまざまな皮膚症状が現

ハンセン病――主なできごと

1873年　ノルウェーの医師・ハンセンが「らい菌」を発見する
1887年　群馬県草津に湯之沢集落が形成される
1897年　第1回国際らい会議でハンセン病が伝染病であると確認される
1907年　「癩（らい）予防ニ関スル件」公布
1909年　全国5カ所に公立療養所設立
1916年　公立療養所の所長に「患者懲戒検束権」が与えられる
1931年　「癩予防法」公布、強制隔離の徹底
1932年　国立療養所栗生楽泉園開設
1933年　栗生楽泉園に「患者懲戒検束規定」による監禁所設置（30日以内、減食など）
1936年　長島事件
1938年　栗生楽泉園に「特別病室」（重監房）設置
1943年　アメリカで治療薬「プロミン」開発
1947年　「人権闘争」、栗生楽泉園の重監房廃止
1948年　「優生保護法」制定、ハンセン病患者への断種・堕胎を国が容認
1949年　プロミン予算獲得運動を展開
1951年　全国国立らい療養所患者協議会結成、翌年、全国国立ハンセン氏病患者協議会（全患協）に改称

癩を根絶せよ
1929年頃から地域ごとに患者を見つけ出して収容する「無癩県運動」が展開された
収容患者は外出を禁止され、仕事にも就けず、結婚しても断種・堕胎が強制され、発病者が出た一家は"らい家族"のレッテルをはられ、嫁いでいた娘は戻され、一家離散するなど悲劇が生まれた
「人権闘争」のきっかけをつくった共産党の伊藤憲一元衆院議員（1912～81）

れます。治療薬がなかった頃は、顔や手足の変形、失明、炎症した潰瘍（かいよう）の臭いなどのために偏見や差別の対象となりました。現在、日本では感染することはほとんどありません。有効な治療薬が開発され、発病しても早めの治療で確実に治ります。

一九世紀末、日本にはハンセン病患者が各地に存在し、神社仏閣の周辺や温泉地で暮らしたり放浪生活を送るなどしていました。欧米列強への仲間入りを急いだ明治新政府は、非文化病と見られていたハンセン病患者の対策を財界とともに画策。一九〇七年、法律

1953年　熊本・菊池恵楓園に医療刑務支所開設
「らい予防法」（新法）公布（社会、労農、共産の各党は同法に反対）

1995年　日本らい学会が反省を表明、予防法廃止求める

1996年　「らい予防法」廃止
全国ハンセン病療養所入所者協議会（全療協）に改称

1998年　熊本地裁に「らい予防法」違憲国家賠償請求訴訟提訴

1999年　東京、岡山地裁に「らい予防法」違憲国家賠償請求訴訟提訴

2001年　熊本地裁で「らい予防法」違憲判決、政府が控訴断念し確定
衆参両院で「ハンセン病問題に関する決議」採択
ハンセン病補償法成立

2006年　改正ハンセン病補償法成立
韓国、台湾療養所入所者への補償金支給決定

2007年　「南洋群島」療養所入所者への補償金支給決定

2008年　「ハンセン病問題の解決の促進に関する法律」（ハンセン病問題基本法）公布

2014年　重監房資料館開館

2016年　最高裁が「特別法廷」（非公開密室裁判）の違法性を認め謝罪

2019年　熊本地裁が国のハンセン病隔離政策は元患者家族にも重大な人権侵害と認定

予防法闘争では入所者によるハンストも決行された
ハンスト決行
非科学的法案絶対反対
ぼくらは囚人ではない
熊本地裁での勝利判決で弁護席にいた共産党の仁比聡平前参院議員
2001年5月21日、全国から集まった入所者は首相官邸前に立った
共産党の瀬古由起子元衆院議員
小泉首相逃げないで出てきなさいっ!!

「癩予防ニ関スル件」を制定して五つの公立療養所をつくり、放浪患者の収容を始めます。二九年から無癩県運動が展開され、三一年には「癩予防法」を公布。国立の療養所を各地に建設し、強制収容を進めました。五〇年には、八三二五人を収容隔離、五三年制定の新「らい予防法」でも隔離政策が引き継がれ、五五年には最多の一万一〇五七人を隔離しました（二〇〇一年熊本地裁判決から）。

九六年にようやく予防法廃止

新潟大学の宮坂道夫教授は、日本のハンセン病強制隔離政策が

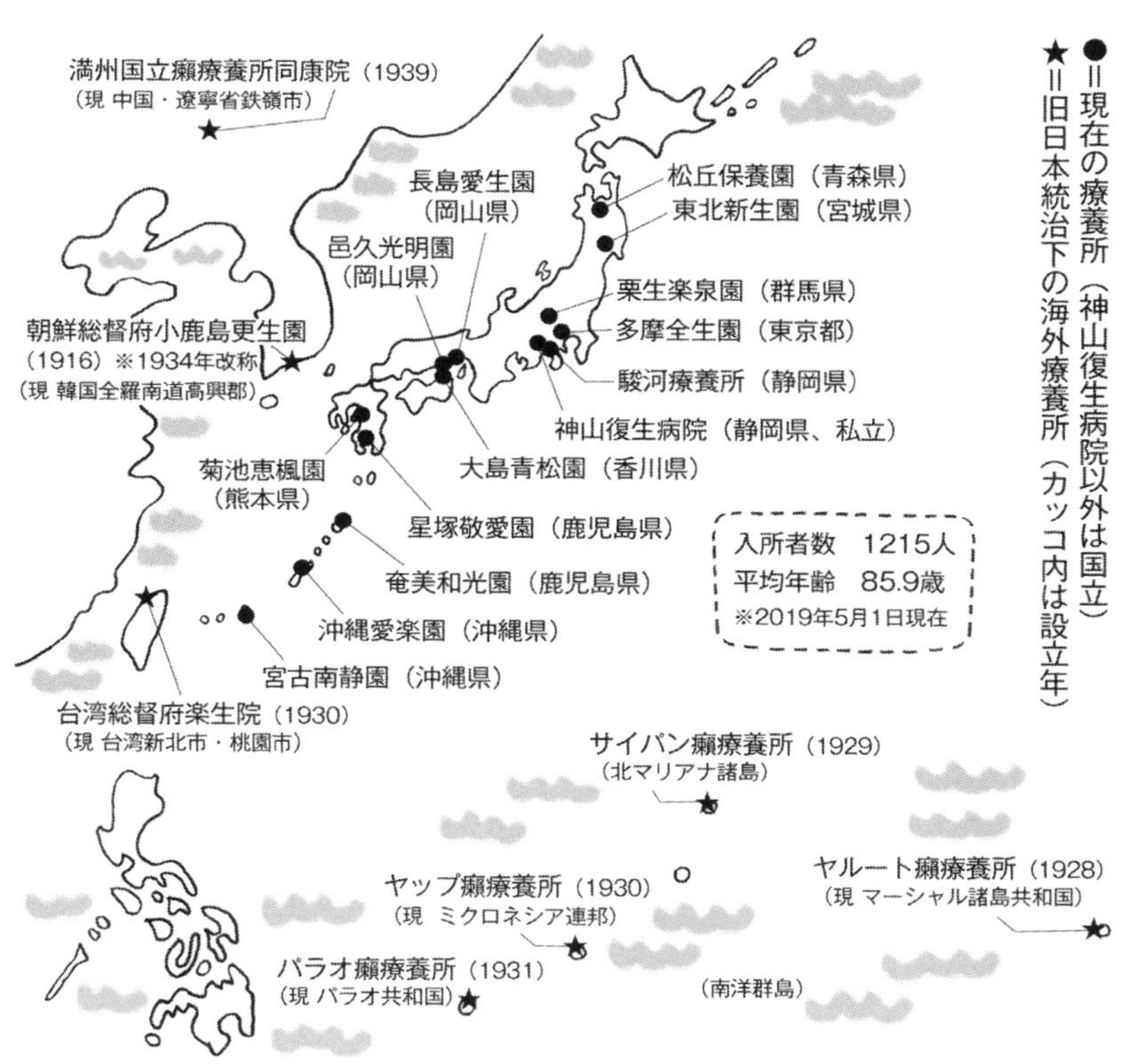
●＝現在の療養所（神山復生病院以外は国立）
★＝旧日本統治下の海外療養所（カッコ内は設立年）
満州国立癩療養所同康院（1939）
（現 中国・遼寧省鉄嶺市）
朝鮮総督府小鹿島更生園
（1916）※1934年改称
（現 韓国全羅南道高興郡）
長島愛生園
（岡山県）
邑久光明園
（岡山県）
松丘保養園（青森県）
東北新生園（宮城県）
栗生楽泉園（群馬県）
多磨全生園（東京都）
駿河療養所（静岡県）
神山復生病院（静岡県、私立）
大島青松園（香川県）
菊池恵楓園
（熊本県）
星塚敬愛園（鹿児島県）
奄美和光園（鹿児島県）
沖縄愛楽園（沖縄県）
宮古南静園（沖縄県）
入所者数　1215人
平均年齢　85.9歳
※2019年5月1日現在
台湾総督府楽生院（1930）
（現 台湾新北市・桃園市）
サイパン癩療養所（1929）
（北マリアナ諸島）
ヤルート癩療養所（1928）
（現 マーシャル諸島共和国）
ヤップ癩療養所（1930）
（現 ミクロネシア連邦）
パラオ癩療養所（1931）
（現 パラオ共和国）
（南洋群島）

「生涯絶対隔離」だったことは、〈様々な国でとられた隔離政策のなかでも、群を抜いて強力なものである〉としています（『ハンセン病　重監房の記録』二〇〇六年、集英社新書）。

もともと感染力が弱く、四三年には治療薬「プロミン」も開発されていました。にもかかわらず、戦前からの隔離政策の中心人物で、医師でもある岡山・長島愛生園園長の光田健輔は、戦後も隔離政策を唱えます。「強権を発動させるということでなければ……家庭内伝染は決してやまない」「（それを防ぐため）ステルザチョン（断種）がよい」（「三園長国会証言」、五一年）。この証言が隔離継続の決定打となりました。

東京の多摩全生園（ぜんしょうえん）に入所していた党員作家の冬敏之（ふゆとしゆき）さん（一九三五～二〇〇二年）は次のように書いています。〈（六〇年代後半まで）外からの参観者に対しては、耳の近くまで隠れる白いマスク、白い帽子、指先がやっと出るような予防着とズボン、膝まである長ぐつなど、ことさらに恐怖を煽る服装をさせ、廊下や畳の上を土足で歩かせ……職員にも同じような格好をさせ、入所者との交流さえ厳しく制限しました〉（一九九九年六月二日付「赤旗」）。本当にひどい話です。

一九五八年には第七回国際らい会議（東京）が強制隔離政策の全面破棄を勧告します。しかし、日本らい学会が反省を表明し予防法廃止を求めたのは九五年。驚くべき遅さです。「らい予防法」は九六年にようやく廃止されますが、どれだけの人権が犠牲になったことでしょう。

一九九八年、熊本・菊池恵楓園（きくちけいふうえん）と鹿児島・星塚敬愛園（ほしづかけいあいえん）の入所者一三人が熊本地裁に国家賠償を求めて提訴。翌年、東京、岡山地裁と続き、人権回復と真相解明、名誉回復などを求めます。二〇〇一年、熊本地裁で国の隔離政策が断罪されるとともに、同法を廃止してこなかった国会の責任を認めた判決が下され、政府の控訴断念で確定しました。どんな壮絶なたたかいがあったことか。あきらめない姿勢を学びました。

「特別病室」という名の「重監房」

二〇一九年九月一二日、群馬県草津町の栗生楽泉園へ。まず向かったのは、隣接している国立の重監房資料館。人権蹂躙の最たるものである「重監房」跡地の永久保存と復元、資料収集のために元患者らの要求によって二〇一四年に開館しました。

学芸員・柏木亨介さんの解説を聞きました。一九三八年完成の「重監房」には、四七年までの九年間で、延べ九三人の〝不良患者〟が全国から送致され、うち二二人余が死亡。四七年に入所者が門衛所にあったメモを書き写したといわれる「特別病室収容簿抜き書」(『風雪の紋　栗生楽泉園患者50年史』一九八二年、栗生楽泉園患者自治会編)にもとづく数字です。拘留期間は、規定の二カ月をはるかにこえた五四九日から「不明」まで。「備考」には「園内不穏分子」「逃走癖」「精神病」などとあります。真冬は零下二〇度近かったという「重監房」。想像を絶します。

「重監房」はなぜ楽泉園に設置されたのか。前出の光田園長は、公立療養所開設以来、「癩患者刑務所」の建設を強く要望していました。入所を強制された患者の逃亡や〝反

←草津温泉バスターミナル
見学者入口
国道292号
中之条（旧六合村）→
火葬場があったところ
楽泉園正門
栗生神社
カトリック教会
重監房資料館
貞明皇后歌碑
展望台
重監房跡地
小林公園
人権の碑
不自由者棟
納骨堂
事務本館
一般舎（上地区）
供養碑
治療棟
堕胎児の碑
地獄谷
1932年開園当初の入所者は115人。ピーク（44年）の1335人から、新発生患者の減少、高齢化で9月現在59人、平均年齢は85歳をこえています
福祉課・郵便局
石楠花荘
所内堕胎児26人の供養碑
火葬のための薪を入所者が伐採し、谷の急斜面にずらりと並んで1本1本手渡しで運び上げた
中央会館
大きな錠前のかかった重監房です
特別病室なんてうそっぱちです
伏魔殿栗泉園真相発表会
「人権闘争」では、47年8月、湯畑広場で町民に対する「真相発表会」が行われ、温泉客を含め1200人が集まった
旧中央公会堂。1947年の「人権闘争」では、入所者と厚生省調査団がここで交渉
社会交流会館
下地区
草津温泉バスターミナル
湯畑
大滝乃湯
※バスターミナルから重監房資料館までタクシーで約7分
中之条→
国道292号
頌徳公園
草津郵便局
リーかあさま記念館
←軽井沢
栗生楽泉園
重監房資料館
青年会館
聖公会堂

抗〃が多発していたためです。一九一六年の法改正では、療養所所長に正式な裁判によらず入所患者を処罰できる「懲戒検束権」が与えられ、各療養所に監禁所＝「監房」が設置されました。けれども、光田園長らはさらなる「懲罰」施設を求め、草津温泉での「癩患者刑務所」建設案が浮上します。

そうしたなか、一九三六年、長島愛生園で、劣悪な環境に耐えかねた全患者が生活改善と自治権を要求してハンストを決行します（「長島事件」）。光田園長は特高警察の手を借りて患者を弾圧。内務・司法両省へ「不穏癩患者取締

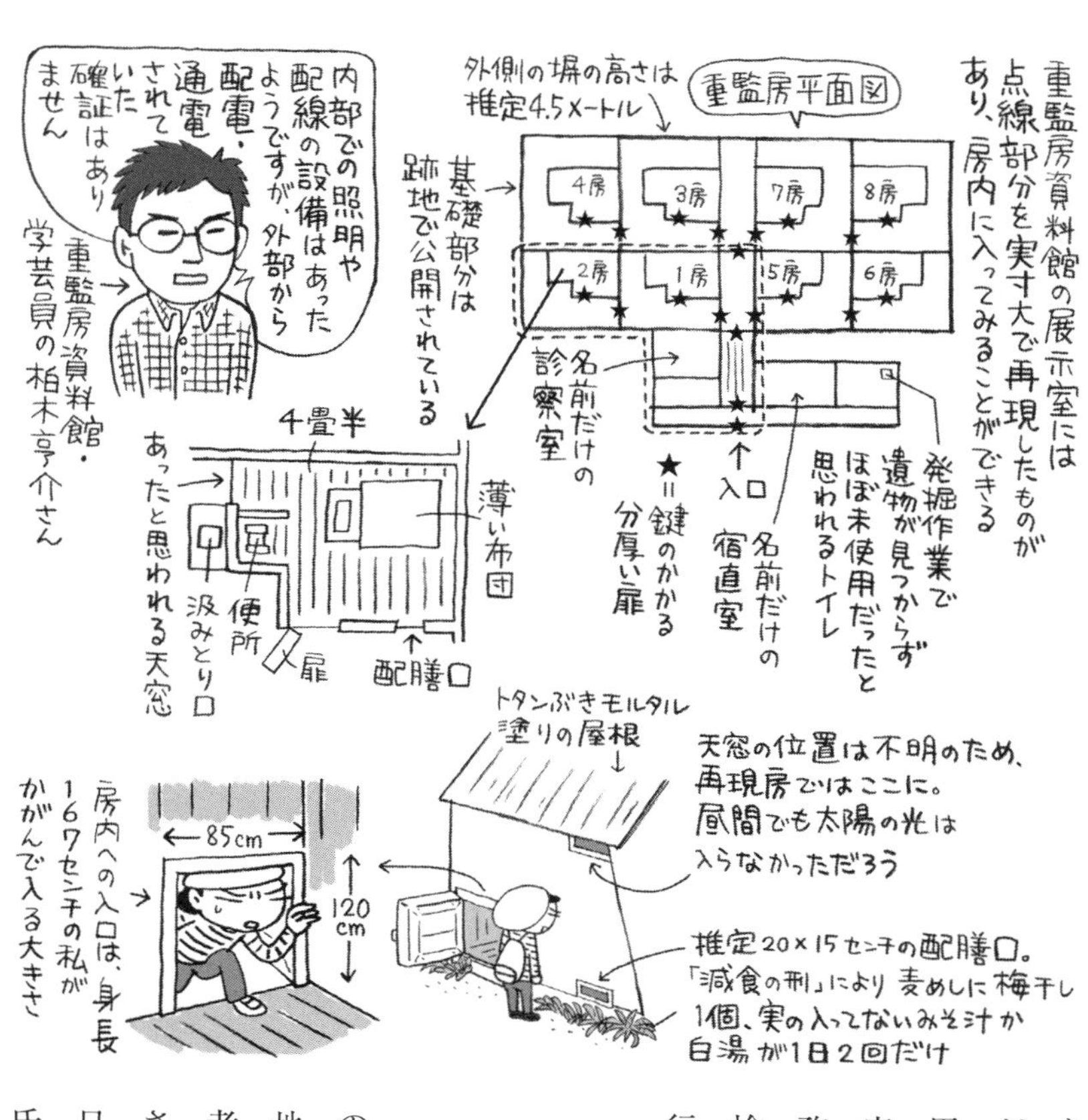
重監房資料館の展示室には点線部分を実寸大で再現したものがあり、房内に入ってみることができる
重監房平面図
外側の塀の高さは推定4.5メートル
基礎部分は跡地で公開されている
内部での照明や配線の設備はあったようですが、外部から配電・通電されていた確証はありません
重監房資料館・学芸員の柏木亨介さん
4房
3房
7房
8房
2房
1房
5房
6房
名前だけの診察室
★＝鍵のかかる分厚い扉
入口
名前だけの宿直室
発掘作業で遺物が見つからずほぼ未使用だったと思われるトイレ
4畳半
薄い布団
あったと思われる天窓
汲みとり口
便所
扉
配膳口
トタンぶきモルタル塗りの屋根
天窓の位置は不明のため、再現房ではここに。昼間でも太陽の光は入らなかっただろう
推定20×15センチの配膳口。「減食の刑」により麦めしに梅干し1個、実の入ってないみそ汁か白湯が1日2回だけ
85cm
120cm
房内への入口は、身長167センチの私がかがんで入る大きさ

り」を強く要請しましたが、司法省が決断せず、「癩患者刑務所」の代用施設として楽泉園内に「特別病室」＝「重監房」を設置。正式な刑務所でないのをいいことに、「懲戒検束権」規定を拡大解釈した運用が行われました。

「人権闘争」がきっかけで廃止に

続いて、日本共産党楽泉園支部長の岸従一（よりいち）さんの案内で「重監房」跡地へ。「重監房」は一九四七年、患者たちの「人権闘争」によって廃止されました。きっかけは、同年八月、日本共産党中央委員だった伊藤憲一氏が草津温泉に静養に来たことでし

社会交流会館は、2008年に入所者と地域社会との交流を図る場として開設
楽泉園開園時、湯畑から3.5キロの距離に温泉を引くため、アカマツの丸太をくり抜いて引湯管を"手づくり"した
直径約40cm
大工事だったそうですが、丸太をくり抜く作業は、ほとんど患者さんが行いました
「らい予防法」規定に基づき、郵便物や現金を消毒していた箱
下にホルマリンを入れた
郵便物は、楽泉園からだと知られないように、となりの六合村まで歩いて出しに行く患者さんもいました
視力と指先の感覚を失った人は、唇や舌先で点字を読みとった。
練習用のプラスチックの下敷き
点字読数字記号板
楽泉園50周年の1982年発行。入所者自治会がまとめた楽泉園の歴史
風雪の紋
栗生楽泉園患者50年史
患者は、警察権力によって強制収容。手錠をかけられたり「唐丸カゴ」に入れられた人も
楽泉園に看護師として41年間勤務した赤尾拓子さん(80)。医療「合理化」に反対して医療労働者の権利と医療の充実を求めて運動

た（『南葛から南部へ　解放戦士別伝』一九七四年　医療図書出版社）。伊藤氏は職員の不正経理問題や「重監房」の存在を知ります。参院補欠選挙の応援演説で再び入った園内では、患者の「強制労働」を目撃。共産党と患者の懇談会が開かれます。共産党側から、共産党も全面的な協力を惜しまないが、〈闘争を共産党に請負わせるという考え方に立つならば、患者側ははじめから重大な誤りをおかすことになる〉という趣旨の発言があり、患者側は〈自ら起ち上がるべき闘争〉と理解し、〈もはや後には退けぬ〉と思ったといいます（『風雪の紋』）。共産党の立場がよ

楽泉園党支部のみなさん。生活の改善や人権を回復する運動の先頭に立ってきました
第23回党大会で「党はわがや」と発言した谺雄二さん（1932〜2014）。全国的な運動の先頭に立った→
歌人の沢田五郎さん（1930〜2008）。党再建時のメンバーの1人。園内の盲人会会長→
浅井あいさん（1920〜2005）は、旧石川県立師範学校在学中に発病。2001年に67年ぶりに卒業証書を授与された→
谺さんの詩文集。みすず書房刊
死ぬふりだけでやめとけや
谺雄二詩文集
姜信子編
表紙の熊笹の写真撮影は岸さん→
59年には党機関紙「栗生細胞」を創刊。「皆さんの新聞でもあります」とある
栗生細胞
NO.1
園内の皆さんへ
↑栗生楽泉園現党支部長で楽泉園入所者自治会副会長の岸従一（よりいち）さん（80）。目の不自由な党員に「赤旗」を読んで聞かせていた
若き岸さん
ん？
この字は何て読むんだ？
オレの背中に書いてみな
赤旗
あー
だ△△
こうして岸さんは、漢字を覚えた

くわかるエピソードです。

「人権闘争」は新聞報道や国会でも取り上げられ、厚生省（当時）や国会の調査団が来園。四七年、「重監房」は廃止されます。当時、「重監房」撤廃などを訴えた患者側の「要求書」に対する厚生省からの「回答記録」を、『風雪の紋』で読みました。注目したのは最後の、〈癩は伝染力が微弱なることを認める。政策による一般世人に恐怖観念を与へるが如きことは断じてやらない〉。にもかかわらず、五〇年、「患者懲戒検束規定」は違憲ではないという厚生省通達を出していたとは、あきれます。

「群馬・ハンセン病問題の真の解決をめざし、ともに生きる会」事務局長の大川正治さん(76)(元党群馬県委員長)
青年会の交流や文化活動などで地域や一般の人と一緒に活動してきました
2003～15年まで3期党草津町議をつとめた羽部光男さん(79)
楽泉園を社会化した療養所として生かし、重監房資料館を歴史的遺産にして、ハンセン病問題の真の解決をめざしたいと思います
党草津町議の有坂太宏さん(47)
2019年1月に草津へ移住し、4月の統一地方選挙で初当選
ハンセン病のことをしっかり勉強して、楽泉園の未来を町民と一緒に考えていきたいです
1969～2003年まで9期党草津町議をつとめた篠原勝喜知さん(81)
草津生まれなので楽泉園の存在はあたりまえでした。青年会の読書サークルで週に1回楽泉園に行きました
「スーパーもくべえ」の元社長でもある
「ともに生きる会」の会長をつとめました
熊本訴訟で勝利したときはうれしくて谷さんのひざの上にのっかっちゃった(笑)
草津町にある旅館の元女将・市川歌子さん(86)。瀬古元衆院議員にすすめられて入党

たたかいによって〝明日〟を見つけた

岸さんは「プロミン（ハンセン病特効薬）注射も患者闘争の成果だった」といいます。四九年、プロミン予算が当初の予算を減額され、全生園プロミン獲得促進委員会の湯川恒美（つねよし）副委員長が、予算復活を求めて国会で各党控室を回りました。最後の共産党控え室で同年一月、衆議院選挙で当選した伊藤憲一氏が対応。患者を池田勇人大蔵大臣の元へ。予算は復活しました（『解放戦士別伝』）。治る病気となったことで患者たちは、五一年、全患協（現・全療協）を結成。

予防法改正闘争に起ち上がります。

四七年から五三年の運動・闘争が患者に与えた影響について『風雪の紋』は、〈一個の人間として、生きることの真の意味を新たな思いでかみしめるようになっていた。まさに患者たちは、はじめて〝明日〟というものを見つけたのである〉と書いています。〝明日〟のなかには、詩人の谺雄二さんらが五五年に再建した日本共産党栗生細胞（現・支部）もありました。

地域と一緒に活動

夜は、面会者用宿泊施設・石楠花荘で、「群馬・ハンセン病問題の真の解決をめざし、ともに生きる会」の大川正治さん、赤尾拓子さん、羽部光男さん、有坂太宏さんと懇談しました。「ともに生きる会」は、一九九九年一二月、国家賠償訴訟を期に「群馬支援する会」として結成。ハンセン病問題基本法制定を求める署名活動で、二〇人足らず、わずか八カ月で一三万七〇〇〇筆を集めたとは驚きです。現在、運動は各地に広がり、会員は四五〇人です。

同会事務局長の大川さんは、五三年の予防法改正闘争を機に始まった、楽泉園と地域とが一緒になった活動について話してくれました。作家や文化人、全医労、労働組合が参加した「らい患者の人権を守る会」の結成や、園内での「教養大学講座」（五三〜五八年）の意義は大きいと言います。楽泉園で准看護師をつとめていた赤尾さんは、「患者の作業ストがあったとき、医師や看護師、職員が、初めて重症者の看護や天秤棒をかついで配食作業をした」と教えてくれました。

「ともに生きる会」は、楽泉園自治会や大学生などと、八月に福島の子どもたちを無料で招いて交流する企画にも取り組んでいます。子どもたちに思う存分遊んでもらう、入所者と子どもとの交流が目的です。

同会は、二〇〇九年には、楽泉園自治会発行の『栗生楽泉園入所者証言集』（全三巻）の編集にも参加しました。「一方的に助けるのではない、苦楽を共にする仲間なんだと実感したから続けてこれた」と同会事務局次長の吉幸かおるさん（二〇〇九年一〇月一八日号「赤旗」日曜版、現副会長）。楽泉園存続に向けた将来構想が今後の課題です。

翌一三日は、赤尾さんの案内で、社会交流会館を見学。「リーかあさま記念館」では、草津聖バルナバ教会の松浦信（まこと）牧師が対応してくれました。「かあさま」と呼ばれたコンウォール・リーは、イギリス出身の宣教師。一九一六〜三六年まで、湯之沢集落でハンセン病患者のための学校や病院を建設し、救済活動に尽くしました。湯之沢集落は四一年、国の命令で解散させられます。

草津生まれ、草津育ちの市川歌子さん、篠原勝喜知さんにも話を聞きました。二人は、草津青年会で楽泉園の青年会や職員と交流してきました。篠原さんは国賠訴訟のとき、厚生省前での座り込みにも参加。「入所者の人たちは肉体的な大変さはあったと思いますが、やりがいもあっただろうし、明るかったですね」。

「ようやく人間になれた」

二〇〇一年五月一一日、熊本地裁判決が下されます。三地裁の原告数は約一七〇〇人、国立療養所入所者数の約四割に達していました。

国の控訴断念までの国会の緊迫したやりとりについて、日本共産党衆議院議員（当時）で超党派の「ハンセン病問題の最終解決を進める国会議員懇談会」の一員だった瀬古由起子さんは、『もういいかい？ ハンセン病と私』（二〇〇三年、光陽出版社）に書いています。衆議院法務委員会では日本共産党の木島日出夫議員（当時）が、森山真弓法相（当時）に「控訴して争うこと自体が人権侵害」と迫り、「赤旗」は「控訴するな」の要請集中を呼びかけました。瀬古さんは地元の愛知・名古屋市で宣伝するとともに、二一日には、訴訟団の政府要請行動に参加し、官邸前で「控訴断念を」と訴えました。そして二三日、国は控訴を断念。「ようやく人間になれた」と原告たちは宣言しました。

二〇一九年一一月、〝人権の碑　納骨堂からの「遺言」〟の石碑が、同碑建設委員会によって建立されました。国賠訴訟勝利について、〈社会に存在する不当な人権侵害を克服するための大切な拠り所にしなくてはなりません〉と刻まれています。強くうなずきたいです。

偏見・差別をなくすために

今回の取材では、「重監房」があった現地に立って、「国辱」あるいは、犯罪者同然の扱いを受けたまま亡くなった人の無念を思い、差別や偏見をあおった国の隔離政策のひどさを実感しました。日本共産党は、二〇一九年七月の参院選政策のなかで、「ハンセン病問題基本法」の完全実施や、医師、看護師、介護職員の切り捨て反対などを掲げています。さらに、〈いまだに克服されていないハンセン病に対する偏見、差別をなくし……隔離政策とは何であったのか、広く国民に知らせ、二度と同じ過ちを繰り返さないための啓発活動を積極的に講じていきます〉には大賛成です。絵や文をかくことで私もハンセン病問題を広く世に知らしめる一翼を担いたいです。

⑩「オール沖縄」たたかいの源流を学ぶ

沖縄ルポ・沖縄戦と沖縄人民党編

二〇一九年一〇月九日、参議院本会議で、「国際法に違反して建設された普天間基地は、無条件返還を求めるのが当然」との日本共産党小池晃参議院議員の質問に対して、安倍首相が「国際法上も何ら問題はない」と強弁したのには驚きました。同党赤嶺政賢（あかみねせいけん）衆議院議員が、「沖縄の基地の歴史を知るものなら、到底看過できない」（同一〇月二四日、安全保障委員会）と厳しく批判したのは当然です。

とはいえ、私も沖縄の歴史はきちんと知りません。一一月一三日〜一五日、日本共産党沖縄県委員会副委員長の中村重一（しげいち）さんの案内で、「弾丸学習ツアー」を敢行し、二〇日、沖縄県委員長の赤嶺議員にインタビューしました。二回にわたってルポします。今回は沖縄戦と沖縄人民党編です。

沖縄南部・激戦の地へ

沖縄では、アジア太平洋戦争時、日本で最大規模の住民を巻き込んだ地上戦がおこなわれました。沖縄戦で亡くなった一人ひとりの名前が刻まれている「平和の礎（いしじ）」には、二四万一五六六人（国内外合計）が刻名されています。そのうち沖縄県民は一四万九五二九人です（二〇一九年六月一三日現在）。

始まりは一九四五年三月二三日。一三〇〇隻以上の米艦隊が沖縄の西南海上に姿を現します。激しい空爆と艦砲射撃をおこない、二六日、慶良間（けらま）諸島へ上陸・占領します。

日本軍は、米軍の本土上陸を遅らせ、「国体護持」のために持久作戦をとりました。沖縄では一五～一九歳の女子学生が看護活動に、一四～一九歳の男子学生は鉄血勤皇隊や通信隊として戦場に駆り出されました。国頭村（くにがみそん）生まれで、日本共産党元衆議院議員の古堅実吉（ふるげんさねよし）さん（90）は、当時一五歳。鉄血勤皇隊（てっけつきんのうたい）として戦場へ。「砲弾の破片で足を吹き飛ばされたりして、友人たちは亡くなっていきました。いまも思い出すとたまらない気持ちになります」。

ひめゆり学徒こと、沖縄師範学校女子部・県立第一高等女学校の生徒二二二人と教師一八人は沖縄陸軍病院へ動員されました。横穴壕に粗末な二段ベッドを置いただけの病院で

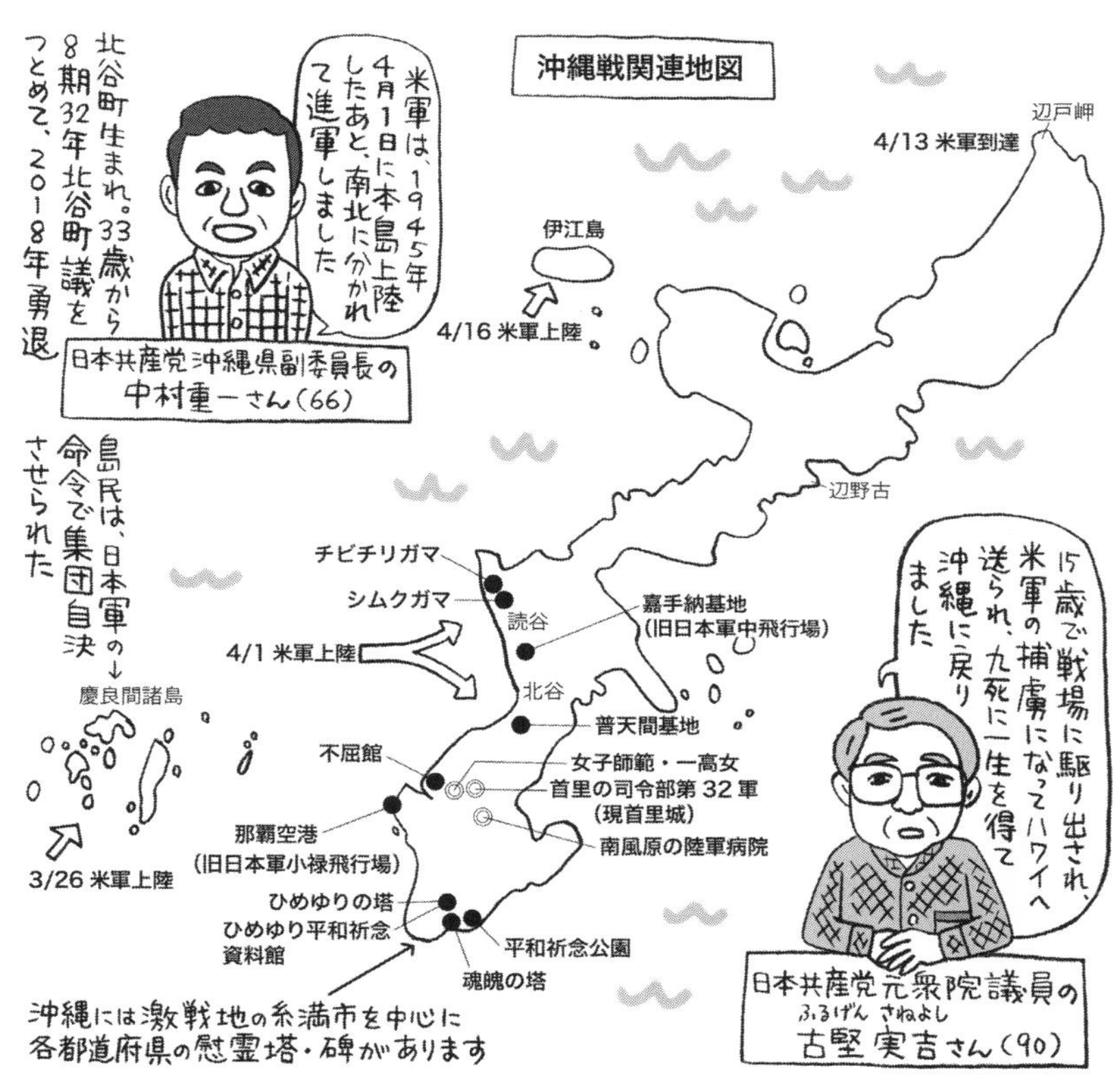
沖縄戦関連地図
米軍は、1945年4月1日に本島上陸したあと、南北に分かれて進軍しました
北谷町生まれ。33歳から8期32年北谷町議をつとめて、2018年勇退
日本共産党沖縄県副委員長の
中村重一さん(66)
島民は、日本軍の命令で集団自決させられた
15歳で戦場に駆り出され、米軍の捕虜になってハワイへ送られ、九死に一生を得て沖縄に戻りました
日本共産党元衆院議員の
古堅実吉さん(90)
辺戸岬
4/13 米軍到達
伊江島
4/16 米軍上陸
辺野古
チビチリガマ
シムクガマ
読谷
嘉手納基地
(旧日本軍中飛行場)
4/1 米軍上陸
北谷
普天間基地
慶良間諸島
不屈館
女子師範・一高女
首里の司令部第32軍
(現首里城)
那覇空港
(旧日本軍小禄飛行場)
南風原の陸軍病院
3/26 米軍上陸
ひめゆりの塔
ひめゆり平和祈念資料館
平和祈念公園
魂魄の塔
沖縄には激戦地の糸満市を中心に各都道府県の慰霊塔・碑があります

した。

四月一日、米軍は沖縄本島へ上陸。陸軍病院には負傷兵が次々と送られました。学徒は、看護、水くみ、食糧の運搬、伝令、死体埋葬まで、昼も夜も働きつづけました。

日本軍は首里城の真下に司令部壕を築いていました。このため米軍の標的となり、四月、首里城は焼失。五月下旬、日本軍の本島南部への撤退にともない陸軍病院も撤退します。首里は制圧され、六月一八日、ひめゆり学徒に「解散命令」が出されます。なんという無責任さ！　三月の学徒動員から解散命令まで約九〇日間の犠牲者は一九人だったのに対し、解散命令後は数日で一〇〇人余が死

ひめゆりの塔・ひめゆり平和祈念資料館（糸満市）
沖縄県立第一高等女学校の校友会誌は「乙姫」、沖縄師範学校女子部は「白百合」だった。両校の併置によって校友会誌もひとつになり、「姫百合」になった
姫百合
沖縄一高女
師女
15
あとからできた慰霊碑
1946年4月建立のひめゆりの塔
ひめゆりの塔
伊原第三外科壕跡
沖縄陸軍病院第三外科壕跡
ひめゆり平和祈念資料館は、1989年開館。外観は、廃校になった女子師範・一高女の校舎を模した
戦時体制下で制服は簡素化されていった
1938年まで
セーラー襟
ひだスカート
1941年
へちま襟
4枚はぎ
1943年の夏
きものの合わせ
モンペ
制服がモンペなんてイヤだっ

亡しました。激しい砲弾のなかをさまよった学徒の惨状と無念を思うと泣けてきます。

ひめゆりの塔、魂魄の塔へ

ひめゆり学徒隊の最後の地の一つ、伊原第三外科壕跡には、現在、ひめゆりの塔が建っています。ひめゆりの塔以外にも慰霊塔はあります。平和ガイド歴三〇年の古謝章代（こじゃふみよ）さんは言います。「二一あった男女中等学校すべてから学徒動員され、二〇〇〇人余が亡くなりました」。

戦後初の慰霊塔は四六年二月建立の「魂魄（こんぱく）の塔」。強制移住の村民と地元民が、道路や畑に散乱していた

地元住民の手でつくられた「チビチリガマ世代を結ぶ平和の像」
チビチリガマ（読谷村）
1995年に建立された記念碑。犠牲者の氏名と年齢が刻まれている
チビは尻、チリは切る。チビチリガマは浅い谷の底にあります
平和ガイドの村上有慶さん
ガマで生き残った人が事実を語り始めたのは戦後約40年たってから。それくらい辛い記憶を抱えているのが沖縄戦の体験者なのです
遺族会の意思により中へ入ることは禁止されている
シムクガマ（読谷村）
シムは下、クは向く。シムクガムは、谷の下にあるので、この名があります
約1000人の命を救ったハワイ帰りの2人への感謝を込めた救命洞窟之碑。1995年建立
天皇のために死ねと教える教育は間違っていたのだ!!

遺骨を拾い集めて建てました。

ひめゆりの塔の隣は、ひめゆり平和祈念資料館です。生き残った学徒の手記に絶句しました。負傷兵の手足が、毎晩、五、六本、切り取られ、それを汚物籠に入れて捨てに行く。狂った兵士が「それを煮てくれ」と叫ぶ。むごたらしい戦争の実態が赤裸々に記載されています。

チビチリガマとシムクガマ

沖縄戦前の四四年一〇月一〇日、那覇市が空襲で九割を消失すると県民はガマ（鍾乳洞の自然洞窟）を防空壕として利用するようになりました。読谷村波平にあるチビチリガマ

平和祈念公園（糸満市）
アジア太平洋戦争では韓国の青年が日本の強制的徴募で南洋の各戦線に配置された
沖縄戦でも1万人以上の韓国人が犠牲になっています
平和ガイドの古謝章代さん
1975年建立の韓国人慰霊塔
石塚の周りに韓国各地から集められた石を並べている
円形広場の矢印は韓国の方向を示している
モモタマナの木
沖縄戦の戦没者国内外24万1566人の名前を刻んだ「平和の礎」
「慰霊の日」などの行事のときには、中心の鉄塔に「平和の火」が灯る。たね火は沖縄戦最初の米軍上陸地である座間味村阿嘉島と広島、長崎から採取した火を合わせたもの
「さざなみの池」
東南アジアの地図になっていて、鉄塔は沖縄県の上に立っている
やりきれない…
比嘉浩の長女
比嘉浩の次女
比嘉浩の三女
比嘉浩の四女
こういう刻名はおそらく一家全滅でしょう

とシムクガマを、平和ガイドの村上有慶さんに案内してもらいました。

米軍は、読谷村の海岸から上陸して海岸線を制圧すると、ガマの避難民に投降を呼びかけました。約一四〇人いたチビチリガマでは、八三人が「集団自決」。「生きて虜囚の辱を受けず」（戦陣訓）を兵士だけでなく国民全体に教えこんだ結果の悲劇でした。「死者の過半数が一八歳以下の子どもでした。親が自決前にわが子を殺したのです」（村上さん）。

一方、シムクガマでは、ハワイ移民だった比嘉平治・比嘉平三氏が「アメリカ人は殺さないよ」と住民を説得。約一〇〇〇人、全員が生き

残りました。戦前の教育の間違いを鮮明にした事件だと思います。

国内外の戦没者を慰霊した平和祈念公園

沖縄戦の組織的な戦闘終結は六月二三日とされていて、沖縄では「慰霊の日」です。平和祈念公園（糸満市摩文仁）で沖縄全戦没者追悼式が行われます。御影石に国内外の戦没者の名を刻んだ「平和の礎」は、沖縄戦終結五〇年目の一九九五年の建立。名前は母国語で表記され、国別、都道府県別に刻銘されています。公園一角には韓国人慰霊塔もあります。憲法前文の「平和を維持し、専制と隷従、圧迫と偏狭を地上から永遠に除去しようと努めている」公園なのだと思いました。

魂魄の塔
糸満高校真和志分校校長・翁長助静さん（雄志前知事の父）の歌碑
1946年2月建立。戦後初の慰霊塔

サンフランシスコ平和条約で沖縄統治権が米国に

終戦後、連合国代表として日本を占領した米軍は、事実上単独占領にきりかえ、五一年締結のサンフランシスコ平和条約（以下、サ条約）と日米安保条約で沖縄の占領支配を継続しました。沖縄を軍事的世界戦略の「太平洋の要石」と位置づけ、サ条約第三条に沖縄の統治権を米国が握ることを盛り込みました。

県民はどうやって祖国復帰をかちとったのでしょうか。前出の古堅さんは言います。「全国に広がった『沖縄を返せ』のたたかいが連帯の力を発揮して、日米両政府を追いつめたのです。たたかいの最大の役割は祖国復帰協議会（復帰協）で、その中心を担ったのが沖縄人民党でした」。

沖縄人民党とは、佐古忠彦監督の映画「米軍が最も恐れた男　その名は、カメジロー」（二〇一七年）「同　カメジロー不屈の生涯」（二〇一九年）の主人公、瀬長亀次郎など戦前から反戦平和のために努力した人びとが一九四七年に結成した政党です。古堅さんは五八年、沖縄人民党に入党、瀬長委員長時代に書記長（六一～七三年）をつとめました。

戦前、共産党に入党した瀬長亀次郎

瀬長亀次郎は、一九〇七年、豊見城村（とみぐすくそん）（現・豊見城市）の農家に生まれました。東京の中学に編入することになり上京。同郷の東大生から紹介された『空想から科学へ』『共産党宣言』などが、〈つぎつぎと明確な答えをあたえてくれた〉といいます（『沖縄の心　瀬長亀次郎回想録』新日本出版社、二〇一四年、以下、明記のない引用は同書）。

戦後　沖縄人民党のたたかい

1947年、沖縄人民党が創立されると、米軍は軍政府特別布告「政党について」を公布。軍政府の政策を非難することを規制し、これに「違反するいかなる政党も停止又は解散」と明記。亀次郎を先頭にした人民党の不屈のたたかいのはじまりだった

瀬長亀次郎
（1907〜2001）

1950年、米軍にかけあって公選を認めさせた群島知事選に亀次郎は出馬し、祖国復帰を呼びかけた

沖縄の90万人民が声をそろえて叫んだならば、太平洋の荒波をこえて、ワシントン政府を動かすことができます

1952年、亀次郎は第1回立法院議員選挙に最高得票で当選。琉球政府創立式典では、いちばん後ろの席にただひとり着席したままで米軍への宣誓を拒否した

1954年、人民党への大弾圧が始まり、亀次郎も逮捕された。米軍事法廷での弁護人なしの暗黒裁判で、懲役2年となり、56年4月まで服役。出獄の日は、1万人の大観衆が「ばんざい」で迎えた

瀬長亀次郎歓迎
平和への哲人
歓
迎

一九二七年に入学した七高（現・鹿児島大学）を社会主義運動に関わったとして放校になると、三〇年、横浜で労働者となり、三一年一一月、日本共産党に入党。三二年五月、労働争議指導中に治安維持法違反容疑で逮捕。懲役三年の刑を科せられ、出獄後の三六年、新聞記者に。中国へ従軍し、四四年に復員。敗戦は疎開中の本島北部で迎えました。

四五年、田井等（たいら）市（現・名護市）の助役になった亀次郎は、仕事や住民の報告などで「米軍は解放軍ではない」と気づきます。四六年四月、「ネコ（米軍政府）の許す範囲しかネズミ（沖縄）は遊べない」との米軍政府少佐の発言に対し、〈私は県

1956年12月、あらゆる妨害・買収をはねのけて亀次郎は那覇市長に当選。米軍は補助金を打ち切り、那覇市の銀行預金を凍結したが……
当時、市役所職員
元党沖縄県議の
宮里政秋さん（85）
ある朝、市役所に行くと大勢の人が行列していました
おばあちゃんどうしたの？
アメリカーが瀬長さんをいじめるから税金を納めにきたさ！
私もさ
私もさ
税金として納められる現金が市役所にあふれて金庫を5つに!!
1つが一畳大
大型のシェパード犬を連れて金庫の番をした人も
1957年、米軍は布令により瀬長市長を追放。県内外で抗議運動が起こった
1960年4月28日、沖縄祖国復帰協議会が結成された
帰協議会結成大会
1962年、党機関誌「人民」の発刊をかちとり、わずか18日で印刷所「あけぼの印刷」を建設した
1964年、「あけぼの印刷」の経営強化のために東京の「あかつき印刷」へ研修に行きました
元党県副委員長の
高江洲義一さん（81）

民とともにこの巨大ネコにかみつかなければならない。そのためには組織をつくることだ〉と決意します。

四七年七月二〇日、沖縄人民党結成。綱領で、民主主義の確立と自主沖縄の再建を掲げ、県民に、〈大きな期待と希望〉をもって迎えられました（『沖縄人民党の歴史』沖縄人民党史編集刊行委員会編、一九八五年）。しかし、米軍は布令で、軍政府の政策を非難する政党の結成を取り締まると通告。米軍の弾圧が始まり、亀次郎は社長だった「ウルマ新報」（現・琉球新報）を退社。社員の生活を心配しながらも沖縄人民党拡大のため党務専任の道を選びました。

1966年、布令撤廃。67年に亀次郎は11年ぶりに本土へ。東京で秘書的な役割を担当したのが、当時、大学2年の赤嶺政賢くん
4・28海上大会に参加したときの写真
アメリカのベトナム侵略反対
帰れアメリカ、返せ沖縄
日本民主青年同盟
東京代表団
コンコン
赤嶺くん
赤嶺くん
亀
ガバッ
新聞各紙を朝いちで買いに行くんだった
っ!!
こんな失敗もありました
赤嶺衆院議員
1968年、公選制が実現。主席・立法院選挙で沖縄人民党をはじめとする革新統一勢力が圧勝した
屋良朝苗主席
1970年11月には戦後初めての国政選挙が行われ、亀次郎が衆院議員に
支援の日本共産党不破哲三書記局長
1973年、沖縄人民党は「科学的社会主義の党への発展」に向かって日本共産党に合流した
道理あるたたかいは必ず勝利する
2013年10月に古堅実吉さんがおこなった人民党の日本共産党への合流40周年記念講演の冊子

祖国復帰署名に有権者の72％

五〇年九月の群島知事選では、祖国復帰を呼びかけ大反響を得ました。五一年四月、「日本復帰促進期成会」が結成され、署名運動ではわずか三カ月で沖縄の全有権者の72・1％、一九万九〇〇〇余の署名を集めました。この圧倒的民意を踏みにじり、日本政府はサ条約第三条を飲んだのです。ひどすぎます。

五二年三月、亀次郎は第一回立法院議員選挙に最高得票で当選。しかし、四月の琉球政府創立式典では米軍への宣誓を拒否。〈個人英雄主義的に独断でやったのではない。県民

の意思を踏みにじり、全面的軍事占領下においたアメリカ帝国主義への抗議と抵抗の意思表明を沖縄人民党常任委員会の決定にしたがってやっただけ〉と亀次郎。県民は真の政治家の姿を見たことでしょう。

五三年、米軍は沖縄の土地強奪法を布令で押しつけ、基地用に県民の土地を「銃剣とブルドーザー」で強奪。労働者を奴隷的無権利状態にして軍用道路や基地建設をすすめました。県民は怒り、沖縄人民党は奮闘しました。沖縄統治のための米政府の出先機関＝米国民政府は、「人民党は共産党」「メーデーはマルクスの誕生日」などの反共デマ攻撃で県民の抵抗を押さえ込もうとしました。

五四年、沖縄人民党への大弾圧が始まり、一〇月、亀次郎も逮捕されました。米軍事法廷で裁かれ、五六年四月まで服役。出獄の日は一万人の大観衆に迎えられました。

八月には、「四原則貫徹県民大会」代表として本土へ渡航。労組、政党、民主団体などを回って沖縄問題を訴えました。一二月には、那覇市長に当選。あらゆる妨害・買収をはねのけた「赤い市長」の誕生に、米軍は補助金を打ち切り、那覇市の銀行預金を凍結。大ピンチ！と思いきや、「市民による自主的納税運動で納税率96％に。市政を支えました」と日本共産党元県議で当時、那覇市役所職員だった宮里政秋さん（85）。

瀬長市長を追放、被選挙権剥奪

米国民政府の次の手は、亀次郎追放でした。五七年一一月、布令により亀次郎を市長の座からひきずりおろし、被選挙権も剝奪。これにはさすがに、「非民主的なのは……どっちじゃ」（同一一月二五日付「朝日」夕刊）などマスコミも批判しました。

那覇市では一〇万人をこえる「瀬長市長追放」抗議集会が開かれました。本土でも北海道や東京、広島などの市議会が「布令撤回決議」を採択するなど、日本全土で抗議運動が展開されました。

六〇年、八年前に沖縄を切り捨てたサ条約発効の「屈辱の日」＝四月二八日、ついに復帰協が結成されました。六四年には、北緯二七度線で八・一五海上大会が開かれ、本土と沖縄の代表が合流して沖縄の全面返還を誓いました。

六六年には、亀次郎の被選挙権剝奪の布令が撤廃。六七年、一七回目の旅券申請で本土渡航が認められました。一一年ぶりに本土へ渡った亀次郎は、沖縄の現状と沖縄・小笠原の即時・無条件・全面返還を訴えました。一一月一六日、日米安保条約の延長強化を基本政策とする日米共同声明が発表されると、亀次郎は、「妥協することなく統一したたたかいをすすめること以外にない」と決意を語っています。

不屈館（那覇市）
不屈館は2013年に開館しました。瀬長亀次郎の個人資料館ではなく、平和で民主的な社会の実現のために不屈にたたかってきた県民の歩みを伝えるものにしたいと思っています
亀次郎の次女で館長の内村千尋さん
千尋さんが書いた本。2005年あけぼの出版
瀬長フミと亀次郎
届かなかった獄中への手紙
内村千尋 編著
1942年正月の写真。晴れ着は不屈館に展示してある
瀬長フミ
（1909〜2010）
長女・瞳さんが書いた「母の思い出」に登場する。「そんなにまでして生きて来たのかと思うと涙が止まりませんでした」と瞳さん
フミさんがポークの缶詰を開けるときに残るブリキでつくったヘアピン。74歳まで30年使用していた
ポークの缶詰
TULIP
DANISH
PORK LUNCHEON MEAT
フミさんのエコロジー生活
①
②
1960年頃、「瀬長商店」の店番をしている亀次郎
「瀬長商店」は、フミさんが1952年開業したマチヤグワー（雑貨屋）
ロンパス
ORION BEER
オリオンビール
瀬長商店は、庶民のためにしょうゆや酒は計り売り、たばこはバラ売りしたという伝説がある。この伝説についてフミさんに直撃したことがある赤嶺衆院議員によると「お父さんは経済観念のまるでない人だったからね（笑）」

祖国復帰への統一運動の盛り上がりとともに、六八年、公選制が実現。初の主席選挙で革新の屋良朝苗（やらちょうびょう）さんを当選させました。戦後初の国政選挙は七〇年一一月の衆院選。人民党・日本共産党推薦の亀次郎が、七万六九七八票で第二位当選でした。

七二年五月一五日、日米沖縄協定が発効し、沖縄の施政権が返還されます。しかし、米軍基地には指一本ふれないまま。復帰協は怒りの県民総決起大会を開き、基地撤去を掲げてたたかいを続けます。

七三年、沖縄人民党は、「科学的社会主義の党への発展」に向かって、日本の真の独立を掲げた日本共産党へ合流。亀次郎は党副委員長となり、

1956年から90年まで亀次郎が毎日切り抜きしていた新聞のスクラップ帳
スクラップ帳
毎朝5時に起きて日記をかき、そのあとすべての新聞に目を通して切り抜くのが日課でした
不屈館には亀次郎が国会議員になってからの写真や資料もあります
アダンの葉は裏も表もトゲがあるんです
かわいい瀬長くん人形も売ってます
亀次郎ファンがつくってくれた
人民党
在任期間わずか11ヵ月の那覇市長時代、5千通以上の激励のハガキや手紙が全国から届いた。これだけで届いたものも
那覇市
瀬長亀次郎殿
わっほんとにトゲトゲ
東村高江ではじめて見たアダンの葉
1975年、金武村で起きた米兵による女子中学生暴行事件について国会にアダンの葉を持ちこんで質問したことは有名。被害者の女子2人は頭から血を流し、裸でアダンが生い茂る岸壁を駆け上って逃げたため体中血だらけに

七期連続当選で二〇年間国会議員をつとめ、一九九〇年勇退。古堅実吉さんにバトンを渡しました。

バトンを受け取った古堅さんは言います。「復帰協が終始掲げ続けた中心スローガンは『核兵器も基地もない平和で豊かな沖縄』の実現でした。一筋縄ではいかない結成でしたが、県民は揺らぎませんでした」。

亀次郎・フミ夫妻の生涯を学べる不屈館

亀次郎の生涯を学べる資料館が那覇市にあります。その名も「不屈館―瀬長亀次郎と民衆資料―」（二〇一三年開館）。館長は、亀次郎の次女、内村千尋さんです。

資料館では、亀次郎の妻・フミさんが沖縄の女性政治家の先駆者だったことを知り驚きました。フミさんは、一九〇九年、佐敷村（現・南城市）生まれ。県庁に勤務しているときに、刑務所を出たばかりの亀次郎を紹介され、三六年、結婚。「新日本婦人の会沖縄県本部」の初代会長で、六五年から那覇市議を四期一六年つとめました。

日本共産党の綱領には一九七二年の施政権返還が〈沖縄県民を先頭にした国民的なたたかい〉でかちとられたと明記されています。そのたたかいの一端を沖縄人民党の歴史をたどって知りました。源流には沖縄戦があります。沖縄戦について語りつがないといけないと思いました。

「核兵器も基地もない平和で豊かな沖縄」をつくろうという一致点で結集してきた沖縄県民に学び、「核兵器も基地もない平和で豊かな日本」をつくりたいです。宮里政秋さんは、「オール沖縄」から「オールジャパン」へ、そして「オールワールド」へ、と言いました。〈さしあたって一致できる目標の範囲で統一戦線を形成〉しようという綱領の呼びかけに同意します。

⑪国際法違反で土地を奪ってつくった米軍基地！

沖縄ルポ・米軍基地編

沖縄県作成「沖縄の米軍及び自衛隊基地」（二〇一九年八月）によると現在、沖縄には日本の米軍施設の約七割があります。沖縄の面積は日本全国土のわずか0・6％。異常な偏りに驚きます。訓練区域としても、周辺の水域二七カ所と空域二〇カ所が米軍管理下に置かれ、漁業や民間機の飛行は制限されています。米軍基地を原因とする事件・事故も後を絶ちません。本土復帰の一九七二年から二〇一八年末までの米軍航空機関連の事故は七八六件（うち墜落四九件）、米軍人等による犯罪の検挙件数は五九九八件にのぼります。

近年では、一七年一二月七日、普天間基地の近くの緑ケ丘保育園に米軍ヘリが部品を落下させる事故がありました。一九年一二月六日、園の保護者らは、米軍機の保育園上空の飛行禁止と事故の原因究明を政府と国会議員に要請しました。「上空を飛ばないで」というごく当たり前の願いが、なぜかなえられないのでしょうか。

国際法違反の基地建設

沖縄の米軍基地の始まりは沖縄戦です。戦時中、米軍は、国際法に違反して住民の土地を奪い、基地を建設しました。軍事占領は戦争終結後の軍用地の使用・接収に引き継がれました。

米軍施政下では、「土地収用令」などで、真和志(まわし)村（現・那覇市）の銘苅(めかる)、小禄(おろく)村（現・那覇市）の具志、宜野湾村（現・宜野湾市）の伊佐浜、伊江島の伊江村などから新たな土地を強奪。抵抗する農民には銃剣をつきつけました。四七年に小禄村の農家に生まれた赤嶺政賢衆議院議員は、「米軍の爆音も米軍の銃剣とブルドーザーも、全部そばで見聞きしてきました」と言います。

米兵や航空機による事件・事故も多発

由美子ちゃん事件（一九五五年、六歳女児を強姦・殺害、基地のゴミ捨て場に遺棄）、国場くん事件（六三年、米軍トラックによるれき殺）、隆子ちゃん事件（六五年、米軍のパラシュート訓練で投下されたトレーラーの下敷きによる圧死）など米兵による事件・事故も多発し

米軍基地をめぐる沖縄の歴史

1945年4月　沖縄戦で城下に第32軍司令部が置かれていた首里城が壊滅、県民約15万人が犠牲に。米軍施政権下となり、日本軍建設の飛行場などを中心に米軍が土地を確保

1947年7月　沖縄人民党結成

1951年9月　サンフランシスコ平和条約、日米安保条約締結

1953年4月　沖縄を統治していた米国民政府が土地収用令公布、「銃剣とブルドーザー」で米軍が土地を強奪

1955年　伊佐浜、伊江島の土地闘争

　　9月　由美子ちゃん事件（嘉手納町）

1956年6月　「プライス勧告」発表
「4原則貫徹」住民大会に20万人参加、「島ぐるみ闘争」へ

1959年6月　石川・宮森小学校に米軍機墜落

1960年4月　祖国復帰協議会結成

1963年2月　国場くん事件（那覇市）

1964年　ベトナム戦争への出撃基地に（〜75年）

1965年6月　隆子ちゃん事件（読谷村）

1968年11月　B52爆撃機が嘉手納基地で墜落・炎上

土地は吾等の生命線だ!!

1953年、米軍の土地強奪に抗議して小禄村具志（現那覇市）の農民はデモ行進した

米軍の隆子ちゃん圧殺
沖縄上空におけるいっさいの軍事演習
いますぐ演習をやめてください
演壇

1965年6月18日、隆子ちゃん事件に抗議する県民大会には約1万人が参加した

ました。

五九年六月には、石川市（現・うるま市）の宮森小学校に米軍ジェット機が墜落。一二人の児童を含む一八人が死亡、二一〇人の重軽傷者を出しました。

うるま市石川庁舎に常設展示されている「宮森小ジェット機事故を語り継ぐ写真展」を見ました。写真展を主催する「石川・宮森630会」は二〇〇九年結成。証言集を発行するなど語り部活動を続けています。

「事故を体験していない人が、事故をどう伝えていくかが課題です」と事務局長の伊波洋正（ひろまさ）さん。当時一八歳で、日本共産党浦添市議を五期二〇年つとめた比嘉愛子さんは、この

1970年12月　コザ騒動
1972年5月15日　沖縄、日本に復帰。米軍基地は維持
1977年5月　公用地暫定使用法期限切れで4日間不法使用
1982年5月　米軍用地特措法で契約拒否地主の土地を強制使用
1991年1月　湾岸戦争、沖縄米軍基地から8000人以上出動
1995年9月　米兵による少女暴行事件
10月　県民総決起大会開催
1996年12月　SACO合意（普天間飛行場などの県内移設で合意）
1997年12月　名護市民投票実施、辺野古沖への海上基地建設「ノー」が過半数
2004年4月　辺野古の座り込み開始
8月　沖縄国際大学に米軍ヘリ墜落
2007年7月　東村高江で米軍ヘリパッド（着陸帯）新設反対の座り込み開始
2012年10月　MV22オスプレイ、米軍普天間飛行場に配備
2013年1月　「オール沖縄」建白書
12月　仲井眞知事が辺野古埋め立てを承認

自衛隊配備反対　軍用地契約拒否　基地撤去　安保廃棄
沖縄処分抗議・佐藤内閣打倒5.15県民大行進
復帰協

1972年5月15日、日米共同声明に基づく返還に抗議して那覇市でデモ行進が行われた

事故で親友の姉を亡くしました。「基地を全面撤去しない限り、県民の安心した暮らしはありえません」。

土地が返還されなかったワケ

軍事占領下で違法に取り上げられた土地が、復帰してもなぜ返還されなかったのか。これまで疑問でしたが、赤嶺議員の国会質問（二〇一九年一〇月二四日、衆議院安全保障委員会）を聞いてわかりました。

復帰前年の一九七一年一一月一七日、自民党政府は沖縄返還協定とその関連法案の特別委員会採決を強行。復帰後五年間は地主の意思と無関係に引き続き米軍基地として使える

2014年8月　安倍政権が辺野古の海底ボーリング調査強行
11月　知事選で翁長雄志氏当選
12月　衆院選で「オール沖縄」候補が4つの小選挙区すべてで当選
2015年10月　県が辺野古の埋め立て承認取り消し（翌年敗訴）
12月　名護市沖に米軍普天間飛行場のオスプレイ墜落
2016年4月　米軍属が女性殺害（うるま市）
7月　東村高江、ヘリパッド建設工事再開で抗議の座り込み
2017年10月　東村高江の民有牧草地に米軍ヘリ墜落
12月　宜野湾市の緑ケ丘保育園に米軍輸送ヘリ部品が、普天間第二小学校に米軍輸送ヘリの窓が落下
2018年8月　県が辺野古の埋め立て承認撤回
9月　翁長知事死去による知事選で玉城デニー氏当選
10月　辺野古問題で国が行政不服審査請求
12月　辺野古海岸に土砂投入開始
2019年2月　県民投票で辺野古新基地建設のための埋め立て反対が7割超す
4月　米海軍兵が女性殺害（北谷町）
衆院3区補選で「オール沖縄」の屋良朝博候補当選
7月　参院選で「オール沖縄」の高良鉄美候補当選

2014年11月、翁長知事当選

2014年12月、「オール沖縄」候補が衆院選で完勝

「公用地暫定使用法」を成立させていたのです。翌日に予定されていた瀬長亀次郎ら沖縄県選出議員の質問を封じての暴挙だったことに驚きます。

『沖縄の心　瀬長亀次郎回想録』（二〇一四年、新日本出版社）によると、この暴挙に対して二七万人余が国会を包囲して抗議。二四日、衆院本会議で強行採決されると、約一三〇万人参加のストライキなど全国に抗議行動が広がり、一二月四日、沖縄及び北方問題に関する特別委員会で、沖縄県選出議員の委員外出席者としての発言が認められます。日本共産党推薦で当選していた瀬長議員は、佐藤栄作首相に、「沖縄の大地

宮森小ジェット機墜落事故（1959）
1959宮森小ジェット機事故を語り継ぐ
写真展
主催：石川・宮森630会
6月30日、ジェット機は宮森小の南側の住宅地に墜落して、その衝撃で跳ね上がって校舎に激突しました
事故当時、宮森小の1年生だった伊波洋正さん（「石川・宮森630会」事務局長）
米軍司令官は「嘉手納基地を避けたことを評価する」といいました
元党浦添市議の比嘉愛子さん
死亡は18人（うち児童は12人）、重軽傷210人（うち児童は156人）でした
事故原因は「整備不良」。パイロットは脱出して無事でした
630会では、米軍が撮影し、国立公文書館に保管されていた写真も収集して展示している
消火直後、米軍はバリケードで住民や関係者を排除
事故当時2年生で、後遺症のため23歳で亡くなった男性も
ウシェーティナイビランドー!!
「バカにするな」の沖縄の言葉。赤嶺議員に教えてもらった

は再び戦場となることを拒否する」と発言し、「祖国復帰の原点」をぶつけて、ただしました。

公用地暫定使用法は違憲性が問題にされ、八二年以降、日本政府は、「米軍用地特措法」によって土地収用をおこないました。八〇年一一月二八日、日本共産党の瀬長議員は同法に関する質問主意書で、〈米軍が問答無用で取り上げた土地を県民から奪いつづけることは、国民の権利擁護を厳正に規定した憲法体系に違反する〉と厳しく指摘。全く同感です。同法は現在、代理署名の手続きすらなくし、政府の意思で基地を継続して使用できる仕組みになっています。

沖縄県の主な米軍基地
沖縄の米軍基地はアメリカが強行する世界のあらゆる戦争の出撃基地となってきました
日本共産党沖縄県副委員長の中村重一さん(66)
ベトナム戦争ではB52戦略爆撃機が嘉手納基地から出撃しました
奥間レスト・センター
八重岳通信所
伊江島補助飛行場
北部訓練場
キャンプ・シュワブ
キャンプ・ハンセン
国道58号線
辺野古弾薬庫
嘉手納弾薬庫
金武レッド・ビーチ訓練場
金武ブルー・ビーチ訓練場
陸軍貯油施設
キャンプ・コートニー
トリイ通信施設
キャンプ・マクトリアス
嘉手納飛行場
キャンプ・シールズ
陸軍貯油施設
キャンプ桑江
浮原島訓練場
キャンプ瑞慶覧
ホワイト・ビーチ地区
泡瀬通信施設
牧港補給地区
津堅島訓練場
普天間飛行場
那覇港湾施設
米陸軍
米海軍
米海兵隊
米空軍
訓練水域
※沖縄県HPをもとに作成

日本の政府とは思えぬひどい話です。

九五年・少女暴行事件から

「オール沖縄」の始まりは、一九九五年九月の米兵三人による少女暴行事件でした。沖縄県民は戦後五〇年余の怒りを爆発させ、同一〇月の県民総決起大会に八万五〇〇〇人が結集。一一月には「沖縄県民の負担軽減・基地の整理縮小」を掲げた日米両政府の新協議機関「沖縄に関する特別行動委員会（ＳＡＣＯ）」が設置されました。

翌九六年四月、橋本龍太郎首相は世界一危険といわれる普天間基地の「全面返還」を打ち出す一方で、橋本・クリントン会談では、安保条約体制の継続を再確認した「日米安保共同宣言」に合意します。

同年一二月、発表された「SACO合意」は、普天間基地の代替基地を「沖縄本島の東海岸沖に建設する」など、県内移設を条件としたものでした。米国の世界戦略の半永久的な前線基地という役割をいつまで日本に押しつければ気がすむのでしょうか。沖縄県民は敢然と辺野古新基地闘争に立ち上がります。

辺野古のたたかいの始まり

始まりは、一九九七年一月、日本共産党沖縄県委員会と北部地区委員会が名護市で主催した学習会でした（二〇一二年五月一〇日付「しんぶん赤旗」）。地元住民の参加はわずか一四人。辺野古新基地が、墜落事故が相次ぐ垂直離着陸機MVオスプレイのための巨大なヘリ基地であるとわかると、すぐに「ヘリ基地建設阻止協議会（命を守る会）」を結成。ほかの市民団体とともに市民投票を求める運動を開始しました。国会では、日本共産党の古堅実吉衆議院議員が、新基地建設の撤回とともに、公然と「沖縄県内、日本国内の移設ということではなく、日本からの撤去を迫るべき」（二月一八日、予算委員会）と訴え、同年一二月の名護市民投票では建設反対が過半数を得ました。

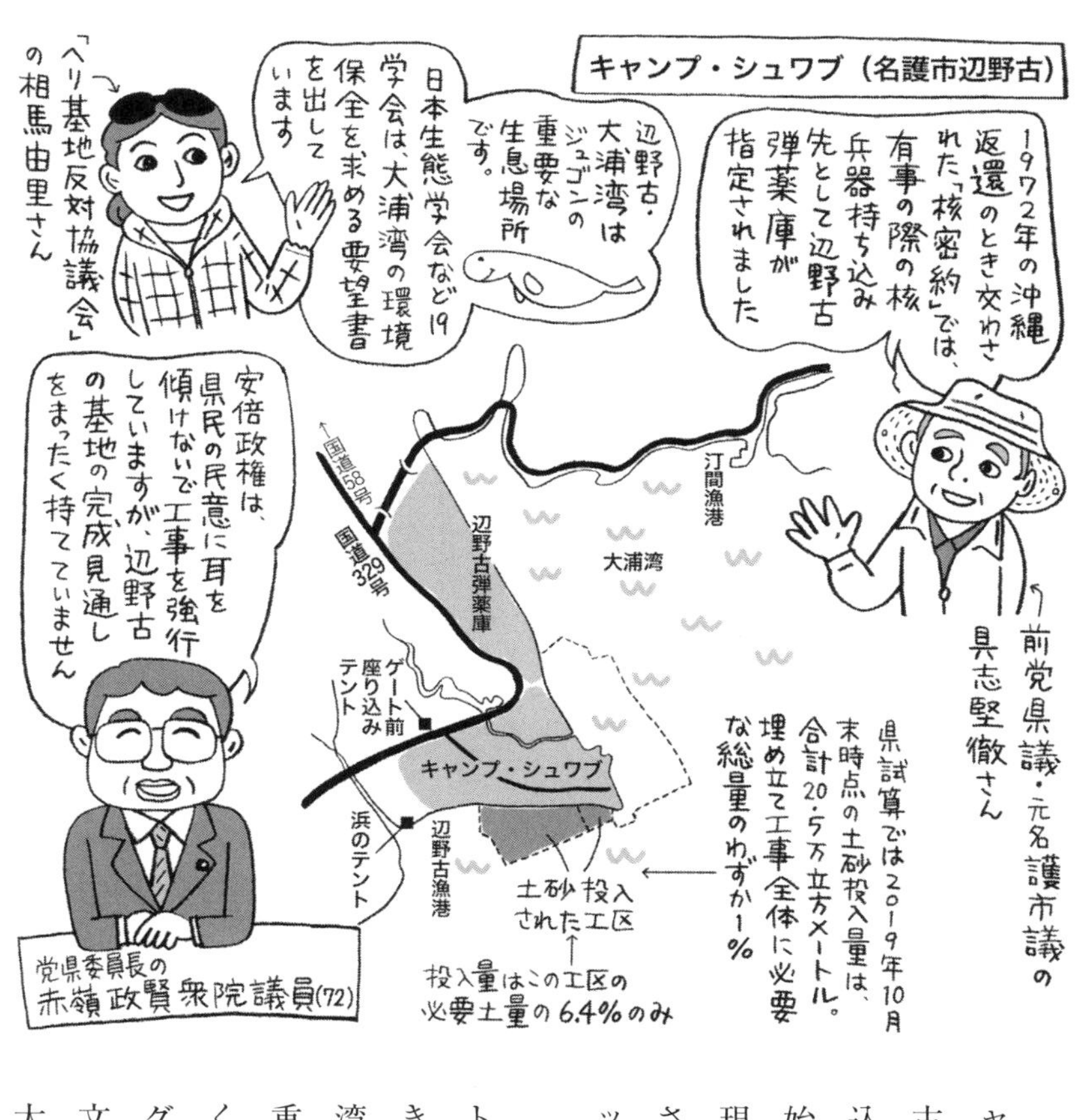
キャンプ・シュワブ（名護市辺野古）
1972年の沖縄返還のとき交わされた「核密約」では、有事の際の核兵器持ち込み先として辺野古弾薬庫が指定されました
前党県議・元名護市議の具志堅徹さん
辺野古・大浦湾はジュゴンの重要な生息場所です。
日本生態学会など19学会は、大浦湾の環境保全を求める要望書を出しています
「ヘリ基地反対協議会」の相馬由里さん
安倍政権は、県民の民意に耳を傾けないで工事を強行していますが、辺野古の基地の完成見通しをまったく持てていません
党県委員長の赤嶺政賢衆院議員(72)
県試算では2019年10月末時点の土砂投入量は、合計20.5万立方メートル。埋め立て工事全体に必要な総量のわずか1%
土砂投入された工区
投入量はこの工区の必要土量の6.4%のみ
←国道58号
国道329号
辺野古弾薬庫
大浦湾
汀間漁港
ゲート前座り込みテント
キャンプ・シュワブ
浜のテント
辺野古漁港

二〇〇四年四月に開始されたキャンプ・シュワブ（名護市辺野古）ゲート前での建設阻止の座り込みは、一四年七月に約二〇人で始まったスタンディングも加わり、現在も継続中です。九〇歳の古堅さんも毎週座り込んでいるとはビックリです。

「ヘリ基地反対協議会」のテントを訪ね、相馬由里さんに話を聞きました。「辺野古・大浦湾の内湾性サンゴ生態系は世界的にも貴重です。美しい海を基地で失いたくありません」。大浦湾の海底をグラスボートから眺めました。縄文アオサンゴやコハブサンゴの巨大さに感動。多様な生態系を守り

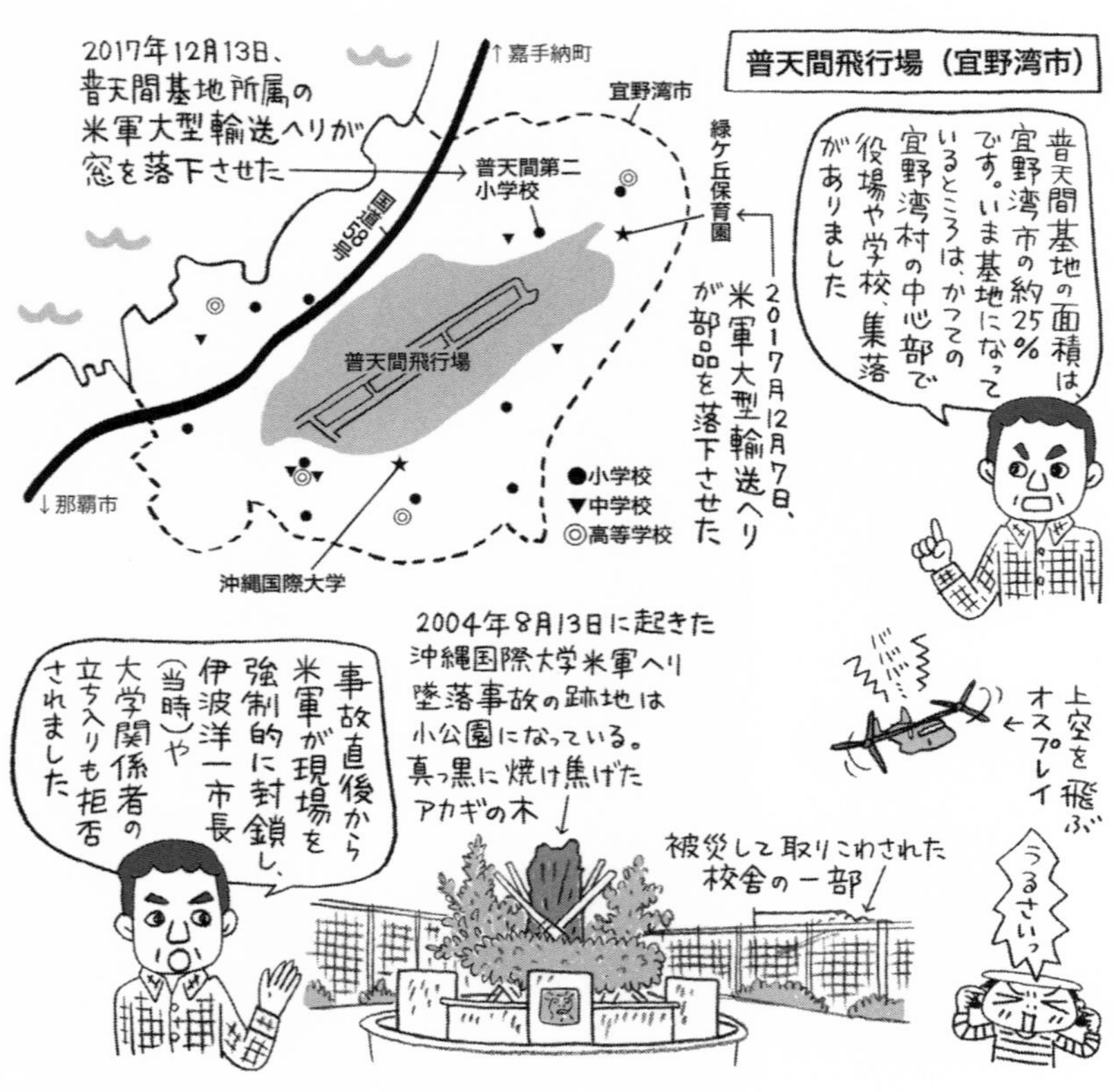
普天間飛行場（宜野湾市）
普天間基地の面積は、宜野湾市の約25%です。いま基地になっているところは、かつての宜野湾村の中心部で役場や学校、集落がありました
2017年12月13日、普天間基地所属の米軍大型輸送ヘリが窓を落下させた
↑嘉手納町
宜野湾市
普天間第二小学校
国道58号
緑ケ丘保育園
2017年12月7日、米軍大型輸送ヘリが部品を落下させた
普天間飛行場
●小学校
▼中学校
◎高等学校
↓那覇市
沖縄国際大学
上空を飛ぶオスプレイ
うるさいっ
2004年8月13日に起きた沖縄国際大学米軍ヘリ墜落事故の跡地は小公園になっている。真っ黒に焼け焦げたアカギの木
被災して取りこわされた校舎の一部
事故直後から米軍が現場を強制的に封鎖し、伊波洋一市長（当時）や大学関係者の立ち入りも拒否されました

たいです。

新基地反対で県民世論が一つに

県民のねばり強い反対運動に沖縄の政治は動きました。二〇一〇年四月、超党派の呼びかけで、「普天間基地の県内移設に反対し、県外・国外移設を求める沖縄県民大会」が開かれ、九万人が参加しました。「県内に新基地をつくらせないというスローガンに自民党が賛成したのはSACO合意以来初めてでした」（赤嶺議員）。大会開催の前段は、県議会で同じ内容の意見書を全会一致で可決したこと。基地の無条件撤去を求めている日本共産党県議団が、そ

の態度を本会議で表明したうえで意見書に賛成。それが超党派での呼びかけを成功させ、県民世論を一つにしました。

一二年一〇月、MVオスプレイが普天間基地に強行配備されると、県内四一すべての市町村長が「建白書」に署名しました。オスプレイの配備撤回、普天間基地撤去、県内移設断念を掲げた「建白書」は、「オール沖縄」の旗印になりました。「島ぐるみ会議」が結成されて草の根運動がすすめられ、一四年一一月、「オール沖縄」の翁長雄志県知事が誕生。同一二月の衆院選では、赤嶺議員を含む「オール沖縄」候補が四つの小選挙区すべてで当選しました。

この沖縄の団結に日本政府は暴力で対抗しました。一六年七月、安倍政権は、機動隊八〇〇人（県外から五〇〇人）を動員して、北部訓練場のある東村高江でのヘリパッド（オスプレイ着陸帯）建設工事を強行。抗議の座り込みをしていた住民らを暴力で排除しました。同年一二月、ヘリパッドが完成したとして訓練場返還を祝う式典が名護市で開催されました。翁長知事は欠席し、抗議集会に参加しました。

ヘリパッド反対を訴えて初の党村議に

SACO合意では、辺野古新基地建設とともに、北部訓練場の一部返還とセットのヘリ

北部訓練場（東村高江、国頭村）
北部訓練場水域
↑辺戸岬
ジャングル戦闘
訓練センター
メインゲート
抗議テント
新川ダム
N1 ゲート
N1
N1 裏
ゲート
宇嘉川
G
H
◎新しいヘリパッド
米軍歩行訓練ルート
海水揚水発電所跡
N4-1
N4 ゲート
N4-2
新川川
ゲート
県道70号
高江小学校
展望台
✕1999 年
米軍ヘリ墜落現場
✕2017 年米軍ヘリ墜落現場
牧草地で、所有者の自宅から数百メートルのところだった
ヤンバルクイナやノグチゲラなどやんばるの森にしか生息しない多種多様な生きものが暮らしている
ぜんまいのおばけみたいなヘゴも
私が村議になって、座り込みテントに全村議を案内し、説明しました。他の村議がテントに来たのは初めてでした
党東村議の伊佐真次さん(57)
戦争につながる基地はいりません
伊佐育子さん
「『ヘリパッドいらない』住民の会」のみなさん
北海道で高江の状況を知り、引っ越してきました
豊島晃司さん
高江が好きなので、普通に平和に暮らしたいです
安次嶺雪音さん
安次嶺現達さん

パッド建設が含まれていました。ヘリパッド建設予定地となった東村の高江地区は建設反対を二度決議。二〇〇七年から「『ヘリパッドいらない』住民の会」を結成し、座り込みを開始します。しかし、政府は〇八年、正当な権利を行使する住民を、工事の「通行妨害」として提訴、運動を萎縮させようとします。「住民の会」共同代表（当時）の伊佐真次(まさつぐ)（57）さんは裁判闘争を続けますが、一四年六月、最高裁は一審判決の「妨害行為」認定を追認、伊佐さんの上告を棄却しました。

ブロッコリーのような森が広がる東村高江を訪れました。爆音がたびたび聞こえ、オスプレイが突然上空に現れたりして驚きました。住民は、いまも、オスプレイの飛行停止、ヘリパッド撤去、辺野古新基地阻止を求めて行動しています。二〇一四年、最高裁から「妨害」認定された伊佐さんは、なんと、九月には東村議選に立候補。三回目の挑戦で前回から得票を一・五倍にして初当選！　東村初の共産党議員です。「言いたいことを言っていいんだという空気感を醸し出す役割になっています」（伊佐さん）。一九年四月の村長選では、「建白書」の精神を守ると表明した無所属の當山全伸氏（日本共産党支援）が初当選しました。

伊佐さんと妻・育子さん、安次嶺現達さんと雪音さん夫妻、豊島晃司さんの「住民の会」のみなさんと鍋をつついて懇談しました。安次嶺一家は、二〇一七年二月、オスプレイ着陸帯N４地区から四〇〇メートルのところに住んでいました。自宅の真上をオスプレイが何度も旋回飛行するのにたまりかね、雪音さんは、米軍機が飛ぶたび、東村に抗議のメールを送信。赤嶺議員は国会でそのメールを読み上げ、住民の安全を守るため米政府に直ちに撤去を求めるよう外務大臣に要求しました（同年二月二二日、衆議院予算委員会第三分科会）。

地位協定はすぐに改定すべき

二〇一八年七月、全国知事会が、日米地位協定の抜本改定を求める「米軍基地負担に関

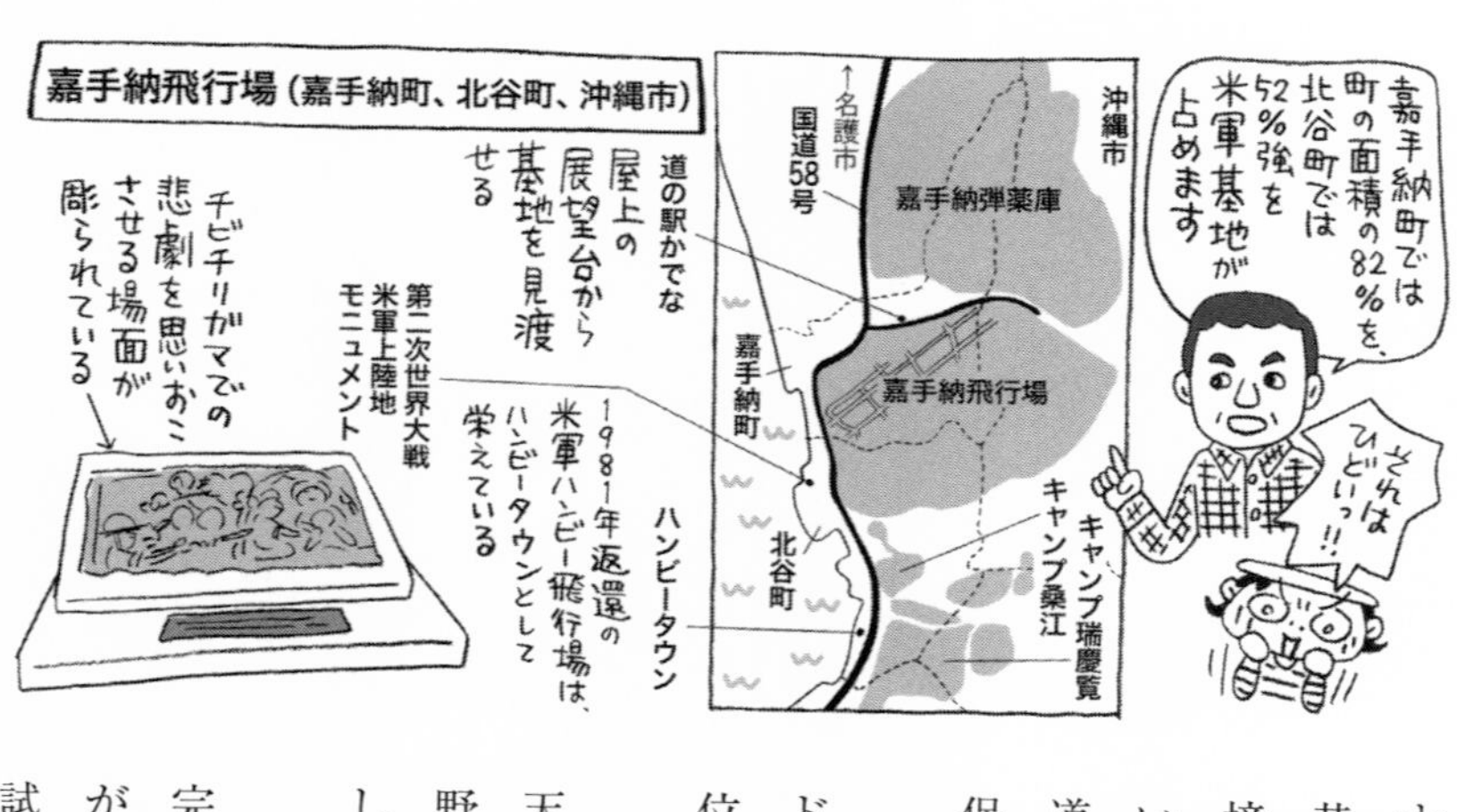
嘉手納飛行場（嘉手納町、北谷町、沖縄市）
嘉手納町では町の面積の82％を、北谷町では52％強を米軍基地が占めます
それはひどいっ!!
沖縄市
↑名護市
国道58号
嘉手納弾薬庫
嘉手納飛行場
嘉手納町
北谷町
キャンプ桑江
キャンプ瑞慶覧
道の駅かでな
屋上の展望台から基地を見渡せる
第二次世界大戦米軍上陸地モニュメント
ハンビータウン
1981年返還の米軍ハンビー飛行場は、ハンビータウンとして栄えている
チビチリガマでの悲劇を思いおこさせる場面が彫られている

する提言」を採択しました。同提言では、〈国内法の適用や自治体の基地立入権がない〉ことなどの課題を確認したうえで、〈航空法や環境法令などの国内法を原則として米軍にも適用させること〉を求めています。その後、自治体で同様の意見書を採択する動きが広がり、八道県一八二市町村、全国自治体（一七八八）の一割を超えました（安保破棄中央実行委員会調べ、一九年一二月二四日現在）。

日米地位協定は一九六〇年の締結以来、一度も改定されていません。ドイツや韓国では改定を実現させているので、日本でも米軍特権の地位協定はすぐに改定すべきです。

二〇一九年九月、沖縄県の玉城デニー知事は河野太郎防衛相に、普天間基地の早期返還・閉鎖と辺野古新基地建設断念を求めました。河野防衛相は、民意を無視して建設を強行する安倍政権の姿勢を示しました。

しかし、新基地建設工事は、沖縄県民の不屈のたたかいに阻まれ、完全に行き詰まっています。二〇一八年末、辺野古沿岸での土砂投入が強行されましたが、一九年末現在で、進捗率はわずか1％（沖縄県試算）。こうした事態に安倍政権は、埋め立て工期を五年から一〇年程度に、総工費を当初の二・七倍の約九三〇〇億円に変更しました。そのうち約一七〇〇億円は警備費です。正当な抗議行動を「妨害活動」とみなした過剰な警備のために税金を浪費することは許せません。

辺野古新基地建設では、繰り返し反対の民意が示されてきました。二〇一八年九月、故翁長雄志知事の意志を継いで、「オール沖縄」の玉城デニー知事が誕生、一九年二月の県民投票では、埋め立て反対が71・7%の圧倒的多数でした。同年四月の衆院三区補選、同年七月の参院選では「オール沖縄」候補が当選しています。安倍政権は、沖縄県民の民意を受け止め、辺野古新基地建設工事を断念し、普天間基地の即時閉鎖・撤去をおこなうべきです。

自然体で頼もしい女性地方議員

「学習ツアー」では、嘉手納基地と普天間基地を一望する高台から眺め、その巨大さと米軍航空機の爆音に驚きました。「ツアー」の最後は、日本共産党の女性地方議員三人との懇談でした。沖縄では、若い世代や女性の党地方議員が増えています。

伊礼(いれい)ゆうき浦添市議(37)は二〇一三年二月に初当選。前年一一月入党、即立候補を要請され、「即快諾」したとはすごい。「看護師として、お金がないために亡くなる命を何度

沖縄の共産党女性議員三人に聞いた
伊礼ゆうき浦添市議(37)
街頭演説では目が合った人には必ず話しかけます。どこでも対話になるので楽しいです
宮里あゆみ北谷町議(40)
議会に保育室の設置を要望し、かなえられました。女性が増えると議会が変わると思います
2人目が生まれたばかり
新垣ちあき北谷町議(44)
議員になって重一さんが基地問題に果たした実績を知りました。引きついでいきたいです。
その実績のひとつを
1981年にハンビー飛行場が返還されるとき、跡地利用で雇用者数が20倍になることなど経済効果を独自試算。「基地は経済発展の阻害要因」との認識が広がりました
鶴渕賢次党県委員長代理
沖縄戦や沖縄人民党の歴史を受けつぎ、6月の県議選では現有6から1議席増をめざしてがんばります
北谷町議を8期32年つとめて新垣さんにバトンタッチ
中村重一党県副委員長

も見ました。政治を変えたいです」。一七年には浦添市の日本共産党議員団として初の三議席を獲得、全員が三〇代です。

同じく二〇一三年の補選で初当選した宮里あゆみ北谷町議（40）も、入党一カ月で立候補。「悩みましたが、子育ては平和あってこそと決意しました」。告示一〇日前の立候補でしたが、保守系候補二人を見事に破って当選。現在二期目です。「相談相手のいる支部会議が楽しいです」。

新垣ちあき北谷町議（44）は、二〇一八年九月、中村重一党県副委員長からバトンを託され、初当選。「米軍機の爆音は当たり前で育ち、

疑問を持たなかったのですが、党支部で沖縄戦の体験を聞いて、戦争を二度としてはいけない、基地はいらないと思いました」。

平和や基地問題、雇用や子育てしやすい環境づくりなどに自然体でとりくむ姿が頼もしいです。

米軍基地は沖縄県経済発展の「最大の阻害要因」（故・翁長知事）です。基地関連収入が県民総所得に占める割合は、復帰前の一九六五年度は30・4％、復帰直後の七二年度は15・5％、二〇一四年度には5・7％にまで低下しています（沖縄県発行『沖縄から伝えたい。米軍基地の話。Q＆A』）。大型商業施設などが建設された北谷町の返還跡地は、アジアからの観光客でにぎわっていました。

沖縄の痛みは日本の痛み

二〇一九年五月二九日、市民連合と日本共産党を含む五野党・会派が一三項目の「共通政策」を結びました。辺野古新基地建設の中止、普天間基地の撤去、日米地位協定の改定、沖縄県民の人権を守ることなどが入っています。沖縄の痛みは日本の痛みです。平和で豊かな「オールワールド」のためにも、米軍基地問題の真の解決策である安保廃棄を掲げた日本共産党が日本にあることは大変心強いことだと思います。

⑫ジェンダー平等社会をめざして「自己改革」

新政策委員長の田村智子さんにインタビュー

日本共産党第二八回大会が、静岡県熱海市で二〇二〇年一月一四日から一八日まで行われました。世界情勢論、未来社会論を中心に綱領の一部改定が行われ、第一決議と第二決議で野党連合政権に向けた政治任務と強大な党建設づくりの方針が決定されました。大会の内容で印象に残ったジェンダー平等や、「桜を見る会」質問などについて、大会で女性として初めて政策委員長に就任した田村智子副委員長・参議院議員（54）に、一月二三日、話を聞きました。

歴史的成功をおさめた党大会

歴史的成功をおさめた党大会でしたね。

「綱領一部改定と二つの決議を提案していましたので、大会期間を前回より一日長くして、報告が二日間にわたりました。充実した議論が行われ、特に綱領改定は、ワクワクする気持ちで受け止めました。私は国会の議院運営委員会の対応で、熱海と国会を三往復したので、討論で聞けなかった発言は文字で起こしたものを読みました。生で聞けたら、もっと感動しただろうと思います。野党のあいさつも大変盛り上がり、野党共闘の発展も感じました。すごく楽しい大会でした」

綱領改定は、二〇〇四年の第二三回党大会での改定から一六年ぶりです。個人的な感想としては、中国を「社会主義をめざす新しい探究が開始」された国とみなす部分の削除にスッキリしました。

「二〇一七年の第二七回党大会では、中国に対する警告を発しました。大国主義、覇権主義のふるまいをつづけていたら、社会主義とは無縁のものになってしまうよというものです。それが改まらないどころか、むしろ加速しました。東シナ海と南シナ海での力による現状変更をめざす動きや、香港の抗議行動への香港政府による抑圧的措置と、それを中国政府が支持して武力による威嚇（いかく）を行うなど、習近平さんになって本当に加速しています。

三年待ってもこういう事態だということで、今回の党大会で、踏み込んだ判断をしました」

綱領にジェンダー平等を明記

綱領に日本の民主的改革の課題として、「ジェンダー平等社会をつくる」「性的指向と性自認を理由とする差別をなくす」と明記されたことも大きいですね。

「大会での志位委員長の報告では、『ジェンダー平等社会を求めるたたかいは、ジェンダーを利用して差別や分断を持ち込み、人民を支配・抑圧する政治を変えるたたかいである』と強調しました。そして、ジェンダー平等を求める多様な運動に、『ともにある』（＝#With You）の姿勢で参加し、人々の声を耳を澄ませてよく聞き、切実な要求実現のために力をつくすことを呼びかけました。女性差別と歴史的にもたたかってきた党として、『勇気をふりしぼって声をあげている人々に学び、自己改革のための努力を行おう』ということです」

志位委員長をはじめとする共産党の国会議員のみなさんは、二〇一九年四月に開始された性暴力根絶を求めるフラワーデモに、毎回のように参加されています。フラワーデモについてどう見ていますか。

「性暴力・性犯罪は、受けた側の傷が深く、被害を話すことで自らが傷ついたり、恥ずかしいと思ったり、セカンドレイプのような状態が起きてしまうこともあり、一番可視化が難しい問題だったと思います。フラワーデモでは、被害者が勇気をもって告発し、参加者は黙って被害者の話を聞き、一人じゃないよと支えていく。サイレントな運動なんですが、強力な運動になってきています。ジェンダー平等の根源的な運動という意味があるなと感じます」

最初は東京のみだったフラワーデモは各地へ広がり、一月までに三九都道府県で、スペインのバルセロナでも行われました。私も、二〇一九年一二月、東京のデモに参加しました。若い女性が声を震わせながら性暴力被害を語っていて、胸がしめつけられました。フラワーデモの目的の一つである刑法改正について、日本共産党の立場はどうでしょうか。

「刑法の改正は本当に難しいんですね。法務委員会が担当する民法や刑法など、明治憲法下でできたような法律というのは、政府がいじりたがらないんですよ。それを今、動かしはじめていますから。刑法そのものを変えなければ、性暴力・性犯罪の被害者は守れません。国会でがんばりたいと思います[*]」

＊日本共産党は、強制性交等罪の「暴行・脅迫要件」を撤廃し、同意要件を新設すること、などを求めています。

過去の論文は「間違い」と認めた

大会の結語で志位委員長が、七〇年代の論文で「同性愛を性的退廃の一形態だと否定的にのべたこと」を「間違い」だったと認めましたね。

「論文とは、無署名で『赤旗』に掲載されたもので、同性愛について書かれた文を引用し、それを受け入れた形で書かれていました。今回の大会決議案の全党討論のなかで出された、『きちんと間違いと認めてほしい』という意見にこたえて判断したものです。ＬＧＢＴも含めて多様な性をもつだれもが力を発揮できる社会をめざすわけですから、日本共産党の意思決定の機関である大会で決着をつけるのが一番だと、マスコミも入っているなかで誤りを認めました」

誤りを認めることには勇気がいりますよね。共産党の自己改革の本気度が伝わりました。

ジェンダー平等は、二つの決議にも入りましたね。

「第一決議では、世界でも恥ずべき『ジェンダー平等後進国』から抜け出すために、ジェンダー差別をなくそうと、呼びかけました。具体的な政策としては、『男女賃金格差の是正、選択的夫婦別姓制度の導入、政策・意思決定分野への男女平等の参加』。そして、『性と生殖に関する健康・権利（リプロダクティブ・ヘルス／ライツ）の保障』の課題も加えました。性や出産のすべてについて、本人の意志が尊重されることが大切です」

「党活動の自己改革」も

第二決議では、ジェンダー平等社会をめざす党として、「党活動の自己改革」も呼びかけています。

「積極的に女性幹部を増やし、意思決定の場に女性の参加を高めることを方針として決めました。現在、党の女性幹部の比率は、二割台にとどまっています。女性も、男性も、多様な性をもつ人々も、平等に、尊厳を持って、自らの力を存分に発揮できる党をつくっていきたいです。ジェンダー平等については私たちも発展途上でもある問題なので、自己改革しながら取り組み、理論的にも深めていかないといけないと思っています。個人的には、『産む性』に対する尊厳が、本当に軽んじられてきたと思います」

妊娠・出産や子育てに対する差別はなくさないといけませんね。

「医大の入試差別も、女性は妊娠・出産したら休まないといけないから、というマイナス評価から起きています。職場でのマタニティーハラスメントなどで苦しんでいる人たちも少なくありません。結婚や出産は自分の意思や選択によるものですが、妊娠・出産は経済活動にマイナスだという捉え方があると思うのです。『産む性』にたいする評価の仕方と、尊厳の認識を育てる教育も、立ち遅れているんじゃないでしょうか」

ジェンダー平等の社会をつくるためには、教育が大事ですね。

「生物学的な性差が社会的不平等にならないことが大事だと思うんです。女性も男性もお互いの性について学ぶ必要があると思います。お互いへのリスペクトをもっと持つことです。そのためにも、学校教育の問題は大きいです。『性教育をやったら、性的体験が早まる、乱れる』とかいう人がいますが、何をいっているんだと思います。生物学的にちゃんと学んで、お互いがリスペクトされる関係をどう育てていくかの意識を持てば、性教育はものすごく大切な教育だとわかるはずです」

性教育というと、この連載を通じて知った「七生(なな お)事件」を思い出します。知的障害のある子どもたちへの性的被害などが起きたことをきっかけに、東京・七生養護学校で行われた性教育に対し、二〇〇三年、自民党の都議らが「不適切」と決めつけ攻撃した事件です。都議の行為が「教育への不当な支配」に当たるという司法の判断が下されています。

「七生養護学校の性教育を、当時、国会でとりあげたのは、自民党の山谷えり子参議院議員でした。〇五年の質問では、障害児の学校だということを言わないで、こんな過激な性教育をやっているんだと質問しました。障害児に対する教育なのか、そうじゃないのかでまったく意味合いが違ってきます。激怒しました」

政党としてジェンダー平等の視点を持っているか

田村さんは、最近、あるメディアの記者から「男性よりも右翼的に見える女性議員が、自民党に多いのはなぜだと思いますか」という質問を受けたそうですね。

「その記者さんの見解は、男性議員が声高に言えないことを女性議員に言わせているのではないかというもので、なるほどと思いましたが、自民党が、右翼的な考えの女性をあえて入れているのだと思います。非常によくないですよね。私も、単に『女を増やせばいい』という意見に対して、違うと言ってきたんですが、そもそも男尊女卑の思想を持っている政党だからなんですね」

政党がジェンダー平等の視点を持っているかどうかは、私たちが投票するうえでの重要なポイントですね。ところで、田村さんの家庭内でのジェンダー平等はいかがですか。

「私たちの出発点は、決してジェンダー平等とは言えないものでした。家で、夫が台所に立っていると、気になっちゃうわけですよ。何となく、悪いかなと思っちゃう。身につ

タムトモ漫画①
第28回党大会では綱領が一部改定された
新たにジェンダー平等を明記しました
学び、自己改革する努力が必要です
志位和夫委員長
家庭でのジェンダー平等はいかがですか？
うちでは先に帰ったほうが…
田村智子副委員長
ごはんをつくるというルールがあるんです
ただいまー
トントン
おかえりー
田村さんの夫
今は先に帰るのがほとんど夫なので悪いなという気もします
超多忙ですもんねー
夫さんは料理は上手ですか？
大学生協の食堂でバイトしていたので私より上手です
特に揚げものは上手です
私なんか最初はこわくてつくれなかったですから
でも洗たくの干し方は気になることも…
指摘しないんですか!?
絶対にいいません
彼流の干し方だと思うしかありません
……
夫のほうもきっと私にいいたいことがあると思うんですよ
そ…そうですね
シャツの干し方はこうじゃなくてっ
家事ハラだっ
マイ・ダーリン

いたジェンダー意識ですね」

確かに、台所に立つ妻を見て、「悪いな」と感じる男性は少ないでしょうね。

「以前は、家事の分担を決めるとかでなくて、気づいたほうがやればいいと思っていました。でもそうすると、気づくのは、私のほうなんですよ。これでは平等ではないなと気がつきました。今は夫のほうが時間的にも条件があるので、夫にやってもらうことが多いんですが」

男性にも家事を担当してもらうためには、女性が絶対に台所に立っちゃいけないという意見もあります。

「実践上は難しいですよね。家事に不慣れな男性が、洗ったものを洗い直しされたり、干した洗濯物を干し直されたら傷つくでしょう。一定数こなして慣れてもらうしかないわけですが、そういう意味では、あえて女性はやらないというポジティブアクションはあるかなとは思います。でも、あんまり、こうあるべきだというのを押しつけずにやるのがいいんじゃないかと思います。誰にも社会的性別役割分担について身についたジェンダーの意識があることを自覚して、いざ実践となったときに、少しでもそれを問う思いがあれば、かなり変わると思います」

メディアに対して声をあげよう

志位委員長は大会で、発達した資本主義国での社会主義的変革の「特別の困難性」として、マスメディアの問題をあげていました。田村さんも大会で発言し、「桜を見る会」の質問直後はメディアがいっさい取材にこなかった衝撃を語りました。健全なメディアを育てるために、私たちができることは何でしょうか。

「メディアの役割の一つは権力の監視です。一番巨大な権力を持っている政権に対して、ちゃんと監視し、批判する役目があります。政権側は、お金をばらまいたり、接待したりと、あの手この手でメディアを手なずけようとするわけですが、それに屈したら報道の自由は守れません。安倍政権下では二〇一六年、高市早苗総務相が放送局に対し、電波停止の可能性をちらつかせてメディアを脅しました。非常に問題です。国民の側からは、政府への批判とともに、メディアに対しても声をあげることが大事です」

二〇一九年一一月八日、参議院予算委員会で行われた田村さんの「桜を見る会」追及の反響はすごかったです。質問動画が拡散され、田村さんは〝タムトモ〟として大ブレーク。質問がＳＮＳで話題になったことを見て、毎日新聞は、デジタル版で当日夜に取り上げ、「桜」追及の最中に行われた内閣記者加盟各社キャップと安倍首相との会食（一一月二〇日）を欠席しました。一二月二日、新聞労連は、「オープンな首相記者会見を求める」声明を発表しました。

「確かに、野党の結束が強まったり、『桜』でメディアに一定の変化が起きたことは本当にうれしいです。記者の方たちにも、政権との距離感への自問自答が芽生えているのではないかと思います。菅官房長官の記者会見でも、『桜を見る会についてですが』と官房長

タムトモ漫画②
2019年11月8日、参院予算委員会での田村さんの「桜を見る会」追及は面白かった
自民党の皆さんは後援会、支援者の招待枠を自民党の中で割りふっているのではないですか？
田村智子参院議員
私は招待者の取りまとめ等には関与していません
安倍首相
その後、1000人程度が安倍首相の推薦だったことが判明
党ホームページでの質問動画はツイッターで話題になり、2月1日現在、視聴回数は29万回を超えている

質問をきっかけに発足した野党合同の「桜を見る会」追及チームは11月25日には70人以上の衆参両院議員が参加した追及本部へと発展した

ガンバロー

第28回党大会で田村さんはこう発言した

ワンチームとなって行動する、かつてない野党共闘が始まったのです

そして生涯初めての取材攻勢が始まりました

パチパチ

日本

ワー

私の姉も拡散された動画を見たといいます 野党の女性議員が大喜びで手をたたいてリアクションしているものですね

「あの人たちは智ちゃんの応援団なの？」っていったくらい姉は政治オンチなんです

それくらい「桜を見る会」追及をきっかけに政治が身近な問題になり始めている感じです

それはスゴい!!

こういう追及をぜひ続けたい!!

〝軍事費から大根の値段〟までわかる下町感覚を生かしてがんばります

新政策委員長に

都内下町在住27年

官がいやがる質問を行うなど、官邸の圧力などに負けず、がんばっているなと思います」

「桜」質問後に感じた変化

ほかに、「桜」質問のあとで変化を感じたことはありますか。

「『桜』の問題によって政治がお茶の間に入ったと思うんです。国会中継を普段、ほとんど見ない姉も、私のことを書いている雑誌を見て、質問の動画まで見たと連絡してきました。政治に関心がなかったという人に目を向けてもらうことはとても大切で、自分たちの暮らし、日常とつながっていると実感してもらい、日常の中で政治を語れるようにしていきたいですね。そうすれば新聞も書くし、テレビも取り上げるし、もっと私たちがそういう活性化をやっていかないといけないと思います」

作家の塩野七生(ななみ)さんが『文藝春秋』一月号のエッセーの中で、〈質問を重ねることでの追及ぶりは見事〉と書いているように、「桜」質問があれだけ拡散されたのは、論理的でわかりやすい質問だったこともありますね。かなり練り上げたんでしょうか。

「次の質問への期待値が上がっていますから、すごいプレッシャーですけど（笑）。あれは練った質問だったし、題材が良かったんですね。二六分という質問時間内に納めるためにどうするか、必要最小限の言葉を全部練り上げたという自覚はあります」

国会パブリックビューイングを主催している上西充子法政大学教授が、Ｗｅｂサイト「ハーバー・ビジネス・オンライン」（一月一七日付）で、田村さんの「桜」質問の組み立てを分析していました。〈確かな証拠・証言に基づいて質疑が組み立てられ……その証拠・証言が、相手の出方を見ながら順次開示され……答弁を覆す反証を示すことを繰り返す……じわじわと外堀を埋めていき、安倍首相本人の問題へと迫っていく〉と書いています。安倍首相がどう答えるか、想定しての質問だったのでしょうか。

「安倍首相がごまかすだろうということは前提でしたが、どうやって逃げるかまでは想像できませんでした。内閣府が『省庁の推薦』『功績・功労』をひたすら言い続けるだろうなということはわかっていました。それで、『何の功績？　選挙の功績じゃないのか』という返し方はあるだろうなと」

党の政策を生活感覚で

政策委員長に就任されての決意表明（二〇二〇年一月二一日付「赤旗」）を読みました。「政策の土台である綱領をはじめとする理論学習にも本気で取り組んで」の部分に感服しました。改めて、政策委員長としての抱負を聞かせてください。

「共産党の政策が、単に〝正しいことを言っているね〟ということではなくて、〝自分のことを言ってるね〟という政策として、どう伝えていくか、ここは挑戦だなと思っています。政策づくりはみんなで英知を結集してやっていくんですが、本当に希望の持てる政策がつくれたとしても、伝わらなければ意味がありません。頑張りたいなと思います。私に期待されているのは、下町感覚だと思っています。足立区で立候補（衆院小選挙区で東京一三区に〇三年、〇五年に立候補）したときに推薦してくれた方の弁も、『軍事費のことから大根一本の値段までわかる政治家』でした。生活の感覚で政治を語り、『私のことを言ってるんだ』と、みなさんに感じてもらえるようにしたいですね。今回の人事は、党としてのポジティブアクションです。党の顔として女性が活躍するんだという時代の要請があるんだと思っています」

田村さんが活躍すれば、女性でもやれるんだと、多くの女性が励まされますね。

二〇二〇年一月三〇日、田村さんは再び参議院予算委員会で、「桜を見る会」の私物化について安倍首相を追及しました。大会での発言の最初に言われた〈安倍政権を倒したいという国民の怒りと世論〉を呼び起こす論理的で迫力ある質問で、安倍首相の不誠実さを浮き彫りにしました。怒りを多くの人と共有し、日本共産党への支持をさらに広げていきましょう。

おわりに

本書は、雑誌『月刊学習』（日本共産党中央委員会発行）二〇一九年一月号から二〇年三月号に連載した「続　ワタナベ・コウの日本共産党発見‼」を修正・加筆してまとめたものです。なお年齢は連載時のままとさせていただきました。紙幅の都合で、連載一五回のうち三回を割愛しました。

単行本『ワタナベ・コウの日本共産党発見‼』としては本書が第三集にして最終集です。『月刊学習』の連載開始は一六年でした。本編二二回、続編一五回で、東京、福島、群馬、埼玉、静岡、愛知、京都、沖縄を訪問し、一二〇人以上の方に話を聞きました。『月刊学習』編集部の庄子正二郎前編集長、現編集長の酒井雅敏さん、そして、担当編集者の田村浩子さんのねばり強いサポートに支えられながらの執筆でした。毎月、届く読者の方がたの感想には特に励まされました。単行本制作では、新日本出版社の小松明日香さん、久野通広さんにお世話になりました。みなさん、本当にありがとうございました。

「しんぶん赤旗」の女性記者との偶然の出会いによって、四〇歳まで選挙に行かなかった私が日本共産党を「発見」するという斬新な企画が生まれました。最初は、よくある疑問だったのが、だんだん深掘りになっていきました。しかし、日本共産党は一九二二年創立。日本で最も長い歴史を持つ政党です。どこかの政府と違って膨大な資料もきちんと保管されているので、調べがいがありました。

安倍政権による立憲主義、民主主義の破壊は深刻さを増しています。市民と野党の共闘をすすめて、新しい政権をつくりましょう。そのためにも、本書を読んで日本共産党を「発見」してくれる人が増えるとうれしいです。

二〇二〇年二月二四日　ワタナベ・コウ

ワタナベ・コウ（わたなべ・こう）

1963年新潟県生まれ。裁縫家、漫画家、イラストレーター。

2016年から『月刊学習』（日本共産党中央委員会）で「ワタナベ・コウの日本共産党発見!!」を連載（2020年３月号まで）。パートナーである編集者・ライターのツルシカズヒコ（靍師一彦）とふたりでインディーズ・マガジン『クレイジー・ヤン』を発行している。

著書に『ワタナベ・コウの日本共産党発見!! ２』（2018年、新日本出版社）、『ワタナベ・コウの日本共産党発見!!』（2017年、同社）、『裁縫女子宣言！』（2012年、バジリコ）、『節電女子』（2011年、日本文芸社）、『裁縫女子』（2011年、リトルモア）、『ポチ＆コウの野球旅』（ツルシカズヒコとの共著、2004年、光文社・知恵の森文庫）など多数。

ワタナベ・コウの日本共産党発見!! 3

2020年4月20日　初　版

著　者　ワタナベ・コウ
発行者　田　所　稔

郵便番号　151-0051　東京都渋谷区千駄ヶ谷 4-25-6
発行所　株式会社　新日本出版社
電話　03（3423）8402（営業）
03（3423）9323（編集）
info@shinnihon-net.co.jp
www.shinnihon-net.co.jp
振替番号　00130-0-13681
印刷・製本　光陽メディア

落丁・乱丁がありましたらおとりかえいたします。

ISBN978-4-406-06406-4 C0095　Printed in Japan